Jacques Brel

DU MÊME AUTEUR

Le Fil à couper le souffle, Balland, 1988
Trompe-l'œil, éditions Philippe Olivier, 1990
Sur le rock, éditions de l'Olivier, 1998
L'Amérique, éditions de l'Olivier, 1998

François Gorin

Jacques Brel

Librio
musique

Collection dirigée par Philippe Blanchet

Prologue

« Vieillir... »

Mourir, cela n'est rien /
Mourir, la belle affaire /
Mais vieillir, oh, vieillir...

Mort le 9 octobre 1978 d'un cancer du poumon à l'âge de 49 ans, Jacques Brel, qui chantait ces paroles sur un disque enregistré un an plus tôt, n'aura donc jamais été vieux. Vers la fin de sa vie, Brel grisonnait, sa silhouette épaississait, grossie par la faute de cette maladie qui marquait aussi son visage. Mais il n'était toujours pas vieux, obstinément attaché à une très longue adolescence, comme protégé de cet âge adulte qu'il avait toujours voulu tenir à distance. « Je me dis que dans une dizaine d'années, je vais peut-être devenir adulte », confiait-il prudemment dans une interview parue en septembre 1967, soit quelques mois après ses adieux à la scène. Il avait alors 38 ans, et encore onze à vivre.

Peut-être alors est-ce un Jacques Brel adulte, enfin, qui enregistra à l'automne 1977 cet album appelé à être son dernier, celui dont la pochette, éclipsant toute image du chanteur, était simplement décorée d'un ciel bleu moucheté de nuages blancs ? Mais non : quand ils n'étaient pas d'une veine traditionnelle à son répertoire, portés par une énergie satirique ou cocasse, les morceaux de ce disque (et c'est bien le terme « morceaux » qui vient à l'esprit pour en parler, plutôt que « chansons ») paraissaient, dans leur lenteur et leur gravité, au bord d'être désincarnés, provenir déjà d'outre-tombe ou d'un hypothétique au-delà de la musique de Brel.

Plus prosaïquement, ils venaient d'un homme qui, depuis deux ans, dans l'atoll des Marquises, avait trouvé « son île » et vivait auprès d'une compagne aimante un paisible exil à l'écart de l'agitation du monde. Cette « dernière vie », voulue sans doute plus que tout autre moment de son existence, éclaire le reste de celle-ci d'une lumière séduisante : c'est l'aventure accomplie, le bout du voyage, le juste repos du guerrier solitaire après l'interminable tempête – seulement vingt ans de carrière, pourtant, ponctuée de silences –, toutes ces batailles gagnées ou perdues, et que Brel sembla mener surtout contre lui-même et ses manques (on a dit : ses démons), visant la haute idée qu'il se faisait, sous couvert de modestie, d'un chanteur, d'un artiste, d'un homme.

En somme, le chevalier fourbu aurait trouvé son éden. Mais tout comme le moindre aperçu des Marquises convainc même le doux rêveur qu'il est de moins rudes ébauches du paradis, l'idéal misanthrope, apparemment atteint, continuait de nourrir en son sein quelque rage intérieure, un feu qui embrase justement les plus belles plages de l'album *Brel*. Ainsi « Jaurès », « La ville s'endormait », « Orly », voire le seul et ultime souffle des « Marquises » pouvaient suffire à faire naître une passion pour Jacques Brel, fût-elle *post mortem*, et elle le fut souvent chez ceux dont les parents avaient l'âge du chanteur, et dont les contemporains soniques avaient plutôt pour nom Johnny Rotten ou David Byrne.

On peut aimer Brel, et l'aimer passionnément, à travers une douzaine, une quinzaine de chansons pour la simple raison qu'elles n'ont d'équivalent nulle part dans la brève histoire de la musique enregistrée. On peut aussi aimer tout Brel, sans restriction, mais c'est plus difficile. Brel le jamais vieux a d'abord été très jeune et très malhabile, et très embarrassant parfois. On est tout près de comprendre ceux qui ne croyaient pas en lui à ses débuts. Georges Brassens, à l'inverse, a toujours plus ou moins ouvragé la même solide chaise où l'auditeur peut s'asseoir et détailler les infinies nuances d'un artisanat à l'aspect monocolore. Qui aime Brassens peut aimer presque tout Brassens. Mais celui-ci n'a pas d'âge...

Un jour de janvier 1969 fut organisée (par *Rock & Folk* et RTL) une table ronde réunissant Brassens, Léo Ferré, et un Jacques Brel précocement retraité de la scène (et quasiment de la chanson). Mais néanmoins fringant, juvénile, emporté. À côté du moustachu sans âge et d'un Ferré pas encore gris mais qui, lui, nous avait toujours paru vieux, Brel était le jeune de service, malgré le peu d'années qui les séparaient. Ce jour-là, ils ont parlé de la mort, de Dieu, des femmes, du métier de chanteur et d'auteur de chansons. Comme toujours, Brel, prolixe en phrases et aphorismes, a parlé moins bien que ne le font ses chansons.

De celles-ci, qui mettent en scène une foule de personnages, se dégageait un personnage de Brel quasi palpable, y compris pour ceux qui n'ont pas eu la chance de le voir se matérialiser sur la scène d'un music-hall – et pour ceux-là des caméras de télévision ont archivé quelques précieux moments en noir et blanc.

Nul n'était besoin qu'un autre Brel se détache, extérieur aux chansons celui-là. Non seulement Brel n'est pas de l'époque dite médiatique, mais en esprit il était d'une époque encore plus ancienne, antérieure à la sienne. Foin du souci de faire s'épouser l'œuvre et la vie – comme si c'étaient deux êtres à part –, il s'est donné tout entier à son métier de « petit maître » (l'expression vient de cette fameuse table ronde) et dès lors sa « vie » palpite dans les chansons, dans « l'œuvre » – pour sacrifier à la formule pompeuse –, tout autant que dans les détails de sa biographie.

Jacques Brel, d'une certaine façon, c'est l'anti-Serge Gainsbourg. Ils avaient le même âge, se connaissaient vaguement, ont percé presque au même moment. Lucide, le premier avait prédit au second qu'il trouverait sa voie en se faisant « crooner », quand lui-même postillonnait sur ses tempos les plus lents. Question de nature. Mais surtout, Gainsbourg s'est refaçonné un personnage au-delà de ses chansons, tout en rajeunissant visiblement passé la cinquantaine, sous l'œil allumé des médias. Brel, à cet instant, était déjà classé au patrimoine par mille zélotes, avec un empressement peut-être légitime mais quelquefois sans discernement. Brel, pas manipulateur pour un franc, comme tenu par un besoin viscéral de naïveté, voulut finir discret ; c'était encore une chimère, il en fut incapable.

Le but de ce petit ouvrage n'est ni de réviser par un nouveau jugement la quantité d'appréciations déjà portées sur la musique de Jacques Brel, ni, bien sûr, de prétendre à l'exhaustivité. Deux sommes biographiques indispensables ont en partie rempli cette délicate mission : le *Brel, une vie* d'Olivier Todd et, plus complet sans doute, en tout cas plus récent, le *Grand Jacques, le roman de Jacques Brel*, de Marc Robine. À tous deux beaucoup d'anecdotes sont ici empruntées.

Il s'agit plutôt de saisir une perspective, éclairante sinon neuve, sur Brel l'homme, l'auteur, le chanteur. L'homme passionné, le chanteur passionnant, l'auteur de chansons qui habiteront pour longtemps l'imaginaire collectif, qu'elles s'appellent « Ces gens-là », « Amsterdam », « Mathilde », « La Fanette », « Vesoul », « Au suivant », « Le Plat Pays » ou (comme lui) « Jacky ».

En remontant le cours des presque cinquante années que vécut Jacques Brel, on trouvera une enfance ordinaire effleurée par la guerre et marquée aussi par cette guerre intérieure qui agite, par divergence de langues plus que de terre ou de caractère, ce petit pays qui est le sien, la Belgique ; le difficile apprentissage à Paris de la condition d'artiste aspirant à vivre de son art, fût-il mineur et populaire, dans la fumée des cabarets où s'évaporent tant de promesses ; la conquête, longue à venir, d'un public et d'une manière enfin maîtrisée de lui raconter ses chansons ; les triomphes en scène, suant, dégorgeant, jouant d'une puissance mimodramatique naturelle, débordant d'une énergie presque obscène, et les disques vendus par millions ; le désir d'évasion après la chanson, par la comédie musicale, le cinéma surtout, comme acteur puis comme metteur en scène, et l'échec ; l'envie, enfin, d'un ailleurs géographique, le voyage entrepris pour quitter les hommes et retrouver une forme de paix personnelle.

Le Brel découvert par l'addition de tous ces petits faits et gestes là, des mots qu'il a dits sur les autres et que les autres ont dits sur lui, ce Brel de papier, et le restant malgré tous les efforts qu'on peut faire pour le rendre incarné, ce Brel réel mais non moins fictif, n'est pas foncièrement différent du Brel dont on pouvait se faire l'image à la simple écoute de ses chansons. Plus attachant peut-être et plus agaçant aussi. Plus humain sans doute.

Un mot revient souvent à propos de l'homme Brel, celui de générosité. Elle transparaît dans les chansons, plus cependant dans la manière dont l'interprète les livrait au public (on verra qu'il enregistrait d'ailleurs dans des conditions techniques proches du « live »), que dans ce qu'elles disaient de la nature humaine.

Un autre mot revient comme un leitmotiv dans les propos de Brel, qu'ils soient rapportés par la presse ou par des proches, et celui-là est la tendresse. Or, cette aspiration louable à de « bons » sentiments, qu'il dispensait, c'est avéré, mais dispersait aussi, avec les femmes surtout, prend dans sa musique des tournures fortes, exacerbées, littéralement affolées, qui confinent à la douleur, au remords, à la malice ou à la cruauté. Dans « compassion » chez Brel, il y a toujours et avant tout « passion ».

L'homme-Brel et Brel-chanteur coexistent ainsi. Ils s'expliquent l'un l'autre à coup sûr, mais ils pourraient exister l'un sans l'autre. Il y a assez de matière. Au moment de les entremêler dans une chronologie sagement découpée en tranches, on n'est pas sûr que le Jacques B. simple mortel fasse une figure aussi imposante que le Brel découpé par ses chansons dans un matériau plus durable. Mesurer l'un à l'autre, est-ce le but du voyage ? Ou plutôt l'éternel besoin de connaître et d'aimer ceux qui nous ont fait connaître (et parfois aimer) quelque chose de nous-même et de plus grand que nous...

Chapitre 1

Un enfant de Bruxelles (1929-1953)

C'était au temps qu'il chantera plus tard avec un de ces néologismes bien dans son style, ce temps où Bruxelles « brussellait ». Bruxelles en ce temps-là, toujours d'après la même chanson, chantait, rêvait, c'était au temps du cinéma muet. 1929, l'année où naît Jacques Brel, est celle du passage au parlant. Et l'on voudrait que ce garçon se taise... Belge, né à Schaerbeek, un faubourg bruxellois, il parlera français. Comme sa mère Élisabeth, dite Lisette, dite Mouky, née dans le même district. Comme aussi son père Romain, pourtant flamand, lui, venu de Zandvoorde en passant par Louvain. Mais un Flamand francophone, traître à la cause « flamingande ».

Le patronyme Brel lui-même semble édulcorer ou abréger une ascendance plus rugueuse, d'ailleurs pas tout à fait éclaircie. On trouve trace de certains Brel jusqu'au temps des croisades, et on a supputé une parenté étymologique séduisante avec Bruegel, ou encore quelque origine hispanique dont le fougueux Jacques, entiché de Don Quichotte, s'accommodera un moment. Pour finir par se reconnaître avant tout flamand : « plutôt flamand que rhénan » (« Radioscopie » du 21 mai 1973). Et encore dans cet aveu en passant : « Je suis symboliste, comme tous les Flamands » (table ronde *Rock & Folk* / RTL, janvier 1969).

La langue flamande, variante académique du néerlandais, Romain Brel, dernier enfant sur onze d'une famille catholique, ne l'apprend qu'à douze ans. Délaissant des études d'ingénieur chimiste, il est embauché quelques années plus tard par la Cominex, une société d'import-export qui commerce avec le Congo, devenue colonie belge en 1908. Le voici dans un comptoir de brousse, à troquer bière et casseroles contre café et caoutchouc. Il échappe à la guerre de 1914, et revient à Bruxelles en 1919, au milieu d'une Belgique dévastée. Il y rencontre Élisabeth Van Adorp, elle aussi issue d'une famille nombreuse, fille d'un artisan sur vitrail, et l'épouse deux mois plus tard en décembre 1921.

C'est un mariage de raison entre une jeune femme romantique âgée de 25 ans, et un homme approchant la quarantaine, de « bonne situation ». Ses affaires ramènent celui-ci au Congo, à Léopoldville, où le couple subit sa première épreuve : des jumeaux mort-nés, Pierre et Nelly. Un autre Pierre naît en octobre 1923 à Bruxelles, où la famille va s'établir définitivement. Il est suivi, plus de cinq ans après, non de la Nelly tant souhaitée, mais d'un second garçon. On appelle celui-là Jacques Romain Georges Brel.

Il naît le 8 avril 1929, sous le signe du Bélier, ascendant Verseau. Dans une maison bourgeoise, au 138 de l'avenue du Diamant. Quelques mois plus tard, la famille déménage pour une autre, plus cossue. 1929 est l'année du krach boursier. Celle aussi où la Belgique, sur le point de fêter cent ans d'indépendance, se déchire de nouveau à coups de langue : le gouvernement d'Henri Jaspar, qui propose de « flamandiser » l'enseignement à l'université de Gand, est renvoyé à ses études.

1929 voit naître également, non loin d'un Jacques Brel encore vagissant, deux héros belges à vocation internationale, chacun fils d'un Georges : le Tintin d'Hergé et le Maigret de Simenon. Le Brel à venir aura des accointances involontaires avec tous deux : le boyscoutisme de ses débuts côté Tintin, jamais vraiment effacé par la suite (cette éternelle envie d'être « partant » que résume bien sa participation au film de Lelouch, *L'Aventure, c'est l'aventure*) ; en commun avec Simenon, un sens inné de l'observation, des ambiances pluvieuses, poisseuses, alcoolisées, d'un quotidien morose virant sans crier gare au baroque flamboyant.

Dès l'âge de 2 ans, le petit Jacques n'est plus le fils du colon congolais dont il sera voué plus tard à fantasmer la vie aventureuse, mais celui d'un bourgeois bruxellois installé. Romain Brel s'associe à son beau-frère, Armand Vanneste, à la tête de la cartonnerie rachetée quelques années plus tôt par celui-ci. Nouveau déménagement, mais toujours le même confort doux et monotone.

Jacky, que trop d'années séparent de son grand frère Pierre, aime et recherche la compagnie des femmes : Mouky, la mère affectueuse et vive, les tantes, la grand-mère maternelle. Ses parents vont goûter à l'adultère, chacun leur tour : liaison passagère du père avec une de ses employées, plus durable de la mère avec un des professeurs de son fils. Le monde ni la maison ne s'écroulent.

Jacky, écolier sage et louveteau catholique, fait ses petites classes chez les frères, à Saint-Viateur. Il vient de fêter ses 11 ans quand l'Allemagne envahit la Belgique. Les Brel restent à Bruxelles, le rationnement ne les affecte guère. Romain, le père, souhaite en silence une victoire alliée et dirige une cartonnerie à l'effectif diminué (travail obligatoire oblige) mais où pointe désormais son aîné, Pierre. Le cadet, lui, entre en sixième à l'Institut Saint-Louis, proche du Jardin botanique, un collège privé où enseignent aussi des laïcs.

Le voici élève moyen, dissipé, voire carrément turbulent, farceur. À ce nouveau train rythmé par des rébellions anticuré, chahuts divers, punitions *ad hoc* et autres défaillances en orthographe ou en... flamand, Jacky redouble avec une belle constance sa sixième, sa quatrième et sa troisième. Il brille en rédaction française, y décroche un jour un prix prémonitoire – une traduction abrégée du *Don Quichotte* de Cervantès. En 1942, il commence à tenir un journal.

Visiblement, déjà, la vraie vie est ailleurs. Chez les scouts, par exemple, où sous le totem de Phoque Hilarant (tandis que son frère Pierre s'était vu baptiser Morse Flegmatique, ce qui dit bien leur ressemblance et dissemblance), il fait rire la troupe en imitant Chaplin ou Hitler. Il s'essaie aussi à des parodies folkloriques, singeant les accents, jouant des argots. À la maison, sa formation musicale s'est limitée à du pianotage sur *La Lettre à Élise*. Les aventures de papier l'attirent plus que tout, lui font se construire un jardin secret, jungle ou steppe plutôt, Far West et mers houleuses où se croisent les héros sans peur ni reproche de Jack London, de Joseph Conrad, de Fenimore Cooper, de Stevenson... À défaut de courir les pistes et les océans, le petit Jacques joue au foot, roule à vélo jusqu'à épuisement.

Pour assouvir son sérieux penchant pour le spectacle et la comédie, il y a la Dramatique Saint-Louis, troupe scolaire couvée par un certain abbé Deschamps. Bien qu'enseignant les mathématiques, celui-ci aura quelque influence sur la culture littéraire du jeune Brel, lui fera découvrir Hugo et Chateaubriand comme Émile Verhaeren, un enfant du pays « coupable » de socialisme.

À en croire l'abbé, Jacky aurait fait à 15 ans, juste après la libération de Bruxelles par les chars britanniques, une véritable crise mystique. En scène, c'est autre chose, l'exubérant gamin se lâche sur du vaudeville, des gaudrioles de patronage. Mais il se met aussi à écrire des nouvelles, rêve à un roman et dirige à 17 ans une publication de quatre pages, au titre fleurant bon le jamboree scout : *Le Grand Feu*. L'apprenti plumitif termine sa classe de troisième – la deuxième... Ce seront ses derniers temps parmi les épineuses déclinaisons latines plus tard chantées dans « Rosa ».

Le destin du mauvais élève est alors inéluctablement scellé par un paternel plus que sexagénaire, que Jacques a toujours vu plutôt comme un grand-père : il passe quasiment sans transition, si ce n'est un stage de rattrapage en flamand, du cartable au carton. Chez Vanneste et Brel, on se soucie de succession, et tout comme Armand junior dans l'autre partie, Jacques à la suite de Pierre se voit confier un rôle administratif. Il entre au service commercial. Les carreaux de l'usine et sa centaine d'ouvriers, pour la plupart flamands – d'où l'intérêt d'être bilingue –, seront désormais son quotidien.

Un nouveau visage vient éclairer cette morne existence : celui d'Hector Bruyndonckx, rencontré un soir de Noël. Humaniste de droite, membre du parti social-chrétien, Bruyndonckx est le fondateur, avec sa femme Jeanne, d'un mouvement de jeunesse encore tout jeune (six ans), la Franche Cordée. Sa devise : « Plus est en toi ». Séduit par ce prêcheur non clérical, Brel voit en lui comme un guide spirituel.

Parmi les activités de ce mouvement mixte et dynamique, visant à infléchir l'ordre social vers un certain idéal de morale chrétienne, des spectacles donnés dans des hospices ou des orphelinats, pour des malades ou des handicapés. Brel y participe avec enthousiasme. Il joue et adapte souvent lui-même du Vercors (*Le Silence de la mer*), du Villon (*La Ballade des pendus*) et, *last but not least*, *Le Petit Prince* de Saint-Exupéry. En « Saint-Ex », alors au zénith d'une gloire *post mortem*, on peut voir, à la fois auteur et héros, homme de missions et farouche solitaire, un personnage modèle de l'esprit de la Franche Cordée. Brel prendra tant cette nouvelle aventure à cœur qu'il deviendra président du mouvement en 1949.

Pour l'instant, l'adolescent dégingandé qu'il est encore profite d'une fonction subsidiaire du groupe de francs et franches camarades : c'est aussi, à sa chaste manière, un club de rencontres. Jacky flirte avec Suzanne. Mais il s'ennuie toujours à la cartonnerie. Au point de devancer l'appel dès juin 1948, à 19 ans (la circonscription en Belgique est à 20). Le voici incorporé dans l'aviation. Il ne volera pourtant pas, cantonné sagement dans la banlieue de Bruxelles, jamais loin donc de sa famille et de ses amis. Ce temps d'armée se déroule sans heurt. Brel file doux, observe sans doute, emmagasine peut-être tel ou tel détail plus tard grossi dans ces vraies charges antimilitaires que seront « Casse Pompon » ou le terrible « Au suivant ».

Brel soldat n'a pas rompu avec la Franche Cordée. Son idylle avec Suzanne, en revanche, s'achève. Il a jeté son dévolu sur une autre « cordéenne » : petite, blonde et mignonne, Thérèse Michielsen, dite « Miche », est un peu plus âgée que lui (22 ans), et travaille dans une maison de café. L'attirance n'est pas immédiatement réciproque. Et puis, au réveillon du nouvel an 1949, il la demande en mariage. Elle accepte le lendemain.

Le 1er juin, Brel quitte l'armée avec le grade de caporal. Tout juste un an après, il se marie avec Miche. Voyage de noces sur la Côte d'Azur, dans l'imposante Studebaker prêtée par papa Romain, et où prend place avec eux un couple d'amis. Les jeunes mariés s'installent dans un petit appartement à Molenbeek, un faubourg de Bruxelles. C'est là qu'ont lieu désormais les réunions de la Franche Cordée. Les amis y passent, bavardent, rient, chantent, et c'est là qu'on entend Jacques Brel entonner, au piano ou à la guitare, des compositions de son cru, encore toutes empreintes de naïveté, d'images faciles et de bons sentiments.

Ce n'est plus Phoque Hilarant qui fait le pitre, mais un troubadour anachronique, malhabile dans ses rimes et ses rythmes, plus porté à l'emphase lyrique ou à la mièvrerie qu'au sarcasme ou au trait juste. Jacques ne chante pas encore Brel, il est plutôt l'écho des idées, des sentiments que brasse son entourage. Il fait ses gammes autour d'un feu de camp qui se prolonge.

Jeune époux très classique, il fait aussi un enfant à sa femme ; Chantal naît le 6 décembre 1951. Nulle révolution dans la vie du gars encore hésitant, qui parlait il n'y a pas si longtemps encore de se lancer dans l'élevage de poules, ou qui évoque le journalisme auprès de ses amis, autour d'une bière. Au fond, demeure l'attrait d'une vie d'artiste. Les amis de Jacques fréquentent l'Îlot Sacré, ses bars, ses boîtes de jazz, son petit côté « Saint-Germain bruxellois ».

Point névralgique, la Rose Noire, un cabaret à deux étages. Client du lieu, Brel va bientôt passer de la salle à la scène, et c'est en effet là que Louis Laydu (frère de Claude, l'acteur notamment du *Journal d'un curé de campagne* de Robert Bresson) le fait débuter un soir, devant un parterre où les copains de la Franche Cordée assurent la claque, sous l'œil des amis de la famille. Versatile, il entrecoupe ses chansons de blagues et de poèmes, et fait la quête à la fin. Ce n'est qu'un (maigre) début.

On est en 1952. Petit coup de pouce du destin, une cousine côté Vanneste parle de Jacques à son amie Angèle Guller. Celle-ci anime une émission de radio, « La Vitrine aux chansons ». Convaincue par le personnage, sinon par son talent, elle lui ouvre son antenne, puis le présente à Clément Dailly, son mari, qui travaille pour la filiale bruxelloise de Philips. Un rendez-vous est pris pour enregistrer un disque de démonstration, deux titres en 78 tours. Ce sera le 17 février 1953.

Chapitre 2

Aux premiers temps de la vache enragée (1953-1957)

« Jacques Bérel, fantaisiste. » Voilà ce qu'on pouvait lire sur ses premières cartes d'artiste de cabaret débutant. Qualification déniant le sérieux de l'entreprise, et pseudonyme déguisant (à peine) un honneur familial encore chatouilleux. Son père avait insisté. Ce « Bérel » n'aura qu'un temps, quelques mois dit-on, « sept semaines », précise son frère Pierre. C'est redevenu Brel, que le grand Jacques, ménestrel amateur de la Rose Noire, se pointe à son premier enregistrement. Accompagné d'un trio musette, il chante « La Foire » et « Il y a ». Deux titres dont la trace s'est perdue, écoulés à l'époque à moins de 200 exemplaires.

Il y a tant de brouillard dans les ports du matin
Qu'il n'y a de filles dans le cœur des marins

commence assez gauchement le second nommé. Certaines sources ajoutent deux chansons à la fameuse séance : « Sur la place » et « Il pleut ». Celles-là auraient figuré sur le disque souple envoyé à Jacques Canetti, directeur artistique chez Philips, à Paris, en mai 1953. Mais l'intéressé lui-même n'en était plus très sûr au moment d'écrire ses mémoires (*On cherche jeune homme aimant la musique*, Calmann-Lévy, 1978).

Jacques Canetti, frère de l'écrivain Élias, est sans aucun doute le plus grand découvreur de talents que la chanson française ait connu dans l'après-guerre, et jusqu'aux années soixante. On lui doit notamment le lancement ou l'éclosion de Georges Brassens, Léo Ferré, Serge Gainsbourg, Boris Vian, Catherine Sauvage, Jeanne Moreau, Michel Legrand, Henri Salvador, Serge Reggiani et quelques autres, y compris le Canadien Félix Leclerc, dont l'influence sur le jeune Brel n'est pas à négliger.

Autodidacte devenu grand gourou de la chanson, Jacques Canetti anime et programme des émissions de radio, organise des tournées, dirige un cabaret et oriente les choix d'une maison de disques – Philips, donc. Il a de l'oreille et du flair. Il en fallait sûrement pour déceler dans la démo envoyée par Brel un grand talent à venir. À ce jeune Belge inconnu, il fixe un autre rendez-vous décisif, le 20 juin 1953 à Paris.

Brel hésite un peu. Il végète entre la Rose Noire et d'autres cabarets locaux. Son disque s'est fait recaler à la radio belge. Au concours de Knokke-le-Zoute, il s'est classé 27e sur 28 candidats. Quel avenir ? Premier cap à franchir : quitter la cartonnerie familiale, ce qu'il fait le 1er juin (encore un 1er juin...), au grand courroux de son père, qui consent néanmoins à lui assurer un salaire minimum pendant un an. La maman le soutient. Miche est de nouveau enceinte, une deuxième fille arrivera en juillet. On l'appellera France.

Le 19 juin, Brel prend le train de Paris. Assiste le soir au spectacle des Trois-Baudets, le cabaret de Canetti. Auditionne le lendemain. Moins enthousiaste, Canetti a-t-il vraiment fait allusion au physique de l'impétrant ? Le voici en tout cas engagé pour un essai aux Trois-Baudets en septembre. Guitare et valise à la main, il s'installe à l'Hôtel Idéal, à Montmartre. Attifé sur scène d'un genre de chasuble sans col, cheveu gominé et moustache d'hidalgo d'opérette, il prête à sourire. C'est en le voyant ainsi que Georges Brassens lui aurait déniché ce sobriquet qui le poursuivra longtemps : « l'abbé Brel ». Pour l'instant, les prêches de « l'abbé », quatre malheureuses chansons expédiées en lever de rideau, n'impressionnent pas grand monde. Le même Brassens pourtant recommande Brel à Suzy Lebrun, patronne de l'Échelle de Jacob à Saint-Germain, qui elle-même l'introduit dans le circuit des cabarets. Il y croise et côtoie Charles Aznavour, Raymond Devos, Catherine Sauvage. Il fait plusieurs clubs par nuits, se couche à l'aube épuisé, se nourrit chichement de sandwiches au camembert et souffre d'affreuses rages de dent. Miche lui envoie des colis, fait quand elle peut le voyage à Paris.

Pour imposer son nouveau poulain chez Philips, Jacques Canetti a dû faire le forcing. À Jeff Claessens, qui fit enregistrer à Brel 23 chansons dès août 1953 à la radio belge, un éditeur bruxellois disait : « Il n'est pas commercial, mais il a du talent ! » Ce côté « pas commercial » bloquait les patrons de Philips. Mais Canetti a eu gain de cause. En février 1954, fort d'un contrat tout neuf, Jacques Brel grave 9 titres, une seule prise pour chaque. Le résultat donne un disque « pas fameux » selon son auteur, très primaire encore, mal servi par les arrangements boiteux d'un certain André Grassi, et dont les textes, à une ou deux exceptions près (« La Place »), enfilent des perles sur un banal fil musical. Tout juste est-on surpris de l'entendre, au détour d'un refrain, clamer : « L'amour est mort, vive la haine » (« La Haine »).

Ce premier disque, un bide, fait écrire à un critique fielleux qu'« il existe d'excellents trains pour Bruxelles », et désespérer Brel : « Il y a chez moi un ressort qui est brisé », écrit-il à sa femme en mai 1954. Pourtant Juliette Gréco choisit d'interpréter « Ça va (le diable) ». Patachou met le débutant à l'affiche de son cabaret de Montmartre... Et Jacques Canetti le pousse encore. Brel reprend du poil de la bête et songe à installer toute sa petite famille à Paris. Après une première quinzaine à l'Olympia, en lever de rideau de Billy Eckstine, il passe l'été en tournée, toujours grâce à Canetti.

De cirque en pelouse, de petit théâtre en casino, la troupe sillonne le pays. Jacques voyage dans la même voiture que Catherine Sauvage. Entre l'interprète de Ferré, qui ne prise guère les chansons de ce grand boy-scout, et le jeune père de famille en cavale, se noue une brève idylle, qui marquera surtout le second. En octobre, nouvelle tournée, cette fois au Maghreb, troisième à l'affiche derrière Dario Moreno et un Sidney Bechet qu'il se pique de trouver « vulgaire ». Il en profite pour faire venir Miche au Maroc.

Promesse tenue, la famille Brel occupe, en mars 1955, une maison minuscule à Montreuil-sous-Bois. Son passage en vedette à L'Ancienne Belgique, en janvier de la même année, sonnait donc comme un premier adieu à la ville natale. Les copains de la Franche Cordée essaient bien de le retenir par la manche. Mais aux Bruyndonckx qui insistent pour les inviter à une réunion de week-end, Miche propose en réponse d'envoyer une bande magnétique enregistrée par son Jacques. Une page est tournée.

L'envol créatif n'est pourtant pas pour aujourd'hui. Quatre nouveaux titres en témoignent, encore bien gauches (« S'il te faut », « Qu'avons-nous fait, bonnes gens ? », « Les pieds dans le ruisseau », « La Bastille »). Musicalement, on lui adjoint un arrangeur doué, Michel Legrand. Rendez-vous manqué : Brel, même si certaines de ses premières chansons peuvent évoquer Charles Trenet, n'a rien de swing. Les orchestrations de Legrand tombent tout aussi à plat que celles d'André Popp.

Quant aux textes, ils finissent par trouver d'amicaux contradicteurs, à la hauteur de leurs audaces un peu idiotes. Ainsi de « La Bastille » :

On a détruit la Bastille
Et ça n'a rien arrangé

Ces petits mots bravaches irritent Georges Pasquier. Pourtant « Jojo » (qui le restera pour l'éternité, jusqu'à la dédicace du dernier album) est depuis février 1955 le grand copain de Jacky. Un vrai pote avec qui boire des bières, sortir, parler et rire entre hommes. Breton de souche, de cinq ans plus âgé, Pasquier fait office de bruiteur dans un trio comique, les Milson, quand Brel le rencontre dans le circuit des cabarets. Costaud, socialiste et athée, il fera bientôt pencher le frêle Jacky vers la gauche. Et deviendra surtout son homme de confiance, le fidèle Sancho Pança du Quichotte de Bruxelles. Pour l'heure, en rupture de Milson, il part faire l'ingénieur sur les forages d'Hassi-Messaoud. Il en reviendra à la fin des années 1950 et leur amitié se scellera alors définitivement.

L'entourage de Brel change, fatalement. Les tournées ne font pas (encore) de lui un globe-trotter : Belgique, Pays-Bas, Suisse, l'Algérie au plus loin (pays que la guerre déchire, et sur laquelle le chanteur ouvre les yeux, disant « Les Français doivent partir »). Mais c'est une autre vie. L'été 1955 est celui d'un nouveau tour de France avec cette fois le duo comique Poiret-Serrault, et un trio féminin, Les Filles à Papa, qui réunit Françoise Dorin, Perrette Souplex et Suzanne Gabriello, toutes filles de chansonnier.

Suzanne, dite Zizou, fait la route à bord de la 4 CV achetée par Brel au début de l'année. Là encore, ce n'est pas de son répertoire que s'éprend la passagère. Commencée comme une amourette estivale sans suite, leur histoire va durer cinq ans, ponctuée de rendez-vous plus ou moins secrets, de déclarations enflammées ou haineuses, de retrouvailles et de ruptures. La dernière, fatale, a, dit-on (Zizou elle-même, notamment), inspiré le poignant « Ne me quitte pas ».

Sentiments mis à part, Suzanne Gabriello sera l'une de celles qui inciteront Jacques Brel à quitter sa défroque de « prêtre-ouvrier » du music-hall : « On en a ras la frange. Tu devrais chanter des chansons d'amour. » Ce qu'il a déjà fait, mais si maladroitement. Et sans succès. Celui-ci va venir avec une sorte d'hymne mariant déclaration sentimentale et pacifisme universel. Enregistré deux fois, sous forme de maquette en mai et pour de bon en septembre, « Quand on n'a que l'amour » ponctue pour Jacques Brel cette année 1956, politiquement marquée par les conflits – Algérie, crise de Suez, Budapest envahi par les chars russes.

C'est à la fin de cette année que paraît le nouveau 45 tours de Brel, au dos duquel on entend aussi sa « Prière païenne ». Sur le deuxième 33 tours 25 cm achevé au printemps 1957, on compte encore les embarras du Brel première manière (« L'Air de la bêtise », « J'en appelle », « La Bourrée du célibataire », « Saint-Pierre »...).

Chanson leader et quasi tube du lot, « Quand on n'a que l'amour » est la seule de cette période à figurer sur les anthologies. Elle sent pourtant l'effort à transcender quelques généreux clichés par l'emphase lyrique. André Popp est alors, et jusqu'à ce deuxième album, l'orchestrateur attitré. Mais ce côté de la musique de Brel va bientôt lui aussi s'éclairer. En juillet 1956, à l'occasion d'une nouvelle « tournée Canetti », il a rencontré François Rauber.

Formé au Conservatoire, féru de Ravel et de Fauré, ce pianiste discret cachetonne dans la variété. Cet été-là, ce n'est pas une dulcinée qui fait voiture commune (une 203, cette fois) avec Jacques, mais son nouvel ami François, le mentor musical qu'il cherchait sans le savoir. On ne dira jamais assez quel bien celui-ci a fait à celui-là, qui mit sa finesse mélodique et sa science d'arrangeur au service de chansons à l'écriture de plus en plus maîtrisée. Rauber commence par être l'accompagnateur de Brel, et lui conseille judicieusement de laisser tomber la guitare, sur scène, en tout cas.

Un troisième larron va compléter l'équipe. Un autre animal de conservatoire, voué lui aussi à pianoter derrière les Trois Ménestrels et autres numéros de music-hall. Avec Gérard Jouannest, ce n'est pas le même coup de foudre. Croisé la même année 1956, remplaçant de Rauber pour un gala, une tournée, puis une autre, ce Breton taciturne s'installe peu à peu. Bientôt, Rauber et Jouannest, tous deux pianistes et tous deux du même âge (quatre ans de moins que Brel) se répartissent les tâches : le premier sera l'arrangeur des disques, le second l'accompagnateur de scène. À eux deux, Jouannest et Rauber apportent à Brel ce talent canalisateur et enjoliveur que réclame son art brut et emporté, comme Aznavour eut un temps Garvarentz, tandis que Gainsbourg ou Ferré, même travaillant avec des arrangeurs, avaient leurs propres idées sur la question.

Chapitre 3

De l'abbé Brel au Grand Jacques (1957-1962)

Première consécration : pour son deuxième 33 tours, Jacques Brel reçoit le Grand Prix de l'académie Charles-Cros. Ça change du fiasco de Knokke-le-Zoute. Ce n'est plus le métier qui rentre, c'est la profession qui l'applaudit et l'adoube. À Bruxelles, où il débute l'année 1957, c'est un premier passage en vedette à L'Ancienne Belgique. Paris ne lui fait pas encore ces honneurs-là : à l'Alhambra, il est loin du haut de l'affiche où trône Zizi Jeanmaire. On le remarque pourtant, et la même Zizi le remet à son programme en mai, avec Raymond Devos, devenu l'ami de Brel. Vieille complicité de galère, de bistrot, qui vaut parfois des blagues mémorables, ainsi quand « l'abbé », prenant au pied de la lettre l'encombrant sobriquet, s'installe au premier rang vêtu d'une soutane, et interrompt Devos en plein spectacle, de ses apostrophes outrées.

Le chanteur stakhanoviste écume les salles, les scènes. Une autre tournée en Algérie, cette fois réduite au minimum. Puis Bobino, toujours en « américaine », puis un retour aux Trois-Baudets des débuts, avec Catherine Sauvage, puis, 1958 arrivant, Rome, Israël ou même le Canada. Sans arrêt sur la route, comment mener une vie de famille ? Surtout quand, de retour au bercail, le cœur encore balance... Miche, enceinte d'un troisième bébé, comprend si bien la situation qu'elle quitte Montreuil pour la banlieue de Bruxelles, où elle s'installe avec Chantal et France, respectivement âgées de 7 et 5 ans, et bientôt Isabelle. Le papa, qui saluera d'une chanson l'arrivée de la petite dernière, s'en va, lui, nicher Cité Lemercier, près de la place Clichy.

1958, c'est le temps de la vraie rencontre avec Gérard Jouannest. Celui aussi de l'enregistrement d'un nouveau 33 tours qui entérine – même si André Popp est encore là sur quelques titres – le choix de François Rauber comme arrangeur numéro un. Musicalement, ce troisième 25 cm ne fait cependant pas d'étincelles. Ici et là plane encore l'esprit de la Franche Cordée : « Dites, si c'était vrai » (d'ailleurs un poème parlé), « La lumière jaillira » ou la petite mélodie éthérée de « Demain l'on se marie », curieuses évocations du mariage à l'heure où ce qu'on sait de la vie sentimentale de Brel fait songer plutôt aux paroles du très beau « Bruxelles » chanté par Dick Annegarn quelque quinze ans plus tard :

Bruxelles, ma belle,
Je te reviens bientôt,
Aussitôt que Paris me trahit...

Brel *performer*, qui ne cesse de perfectionner, de gala en gala, des chansons cent fois remises en jeu avant d'être gravées sur disque, commence à se faire une sacrée réputation. Mais aussi Brel auteur, quand après Gréco c'est Yves Montand qui met un de ses titres à son répertoire (« Voir »), ou quand la jeune Simone Langlois, lancée quelques années auparavant comme une Piaf adolescente, interprète un album entier signé du Grand Jacques. Avec ladite Simone et quelques comédiens, il enregistre en octobre un disque de Noël, *Un soir à Bethléem,* narrateur d'un texte évangélique d'abord lu puis habillé d'un arrangement de François Rauber.

Son Noël à lui, cette année-là, c'est un Olympia en vedette américaine, juste avant Philippe Clay, le 19 novembre 1958. Suzanne Gabriello est là, comme présentatrice. Aux côtés de Brel, ses deux pianistes, Rauber et Jouannest. L'accueil est enthousiaste, public et critique confondus. Et pourtant, Bruno Coquatrix, directeur du fameux music-hall parisien, et qui accompagnera désormais toute la carrière scénique de Jacques Brel, n'y croyait pas. Toujours cette malédiction de « l'abbé Brel »... Il aura fallu toute la force de persuasion de Jacques Canetti pour le faire plier. Il ne l'a jamais regretté. Cet Olympia est le véritable baptême du Brel showman dont le nom ne fera plus que grandir à l'affiche.

À ce stade de notoriété et affligé d'une telle boulimie de concerts, il fallait naturellement à l'artiste un impresario (comme on disait à l'époque). Alors que Jojo est désormais intronisé homme à tout faire, chauffeur, protecteur et confident du Brel itinérant, Charley Marouani entre à son tour dans la « famille ». Lui-même vient d'un clan bien établi dans le show-biz où, première génération de Marouani, les frères Félix et Daniel, ont déjà fait leur trou dans l'ombre de Piaf, Chevalier, Luis Mariano ou Tino Rossi. Charley, conseillé à Brel par Canetti, devient l'indispensable manager mais sera aussi un ami.

L'Olympia n'était qu'un coup de semonce. Un an après, dans l'autre fief des variétés parisiennes, Bobino, Jacques Brel est cette fois tête d'affiche. Le 5 novembre 1959, lui qui avoua un jour avoir

« longtemps débuté », passe après tout le monde, et on oublie qu'il doit ce privilège à la défection de Francis Lemarque en dernière minute. Les nouveautés qu'il présente emballent l'auditoire. Parmi elles, « Les Flamandes », « La Valse à mille temps », « Ne me quitte pas », trois chansons aussi différentes que possible, une charge satirique, un tourbillon gymnastique, une complainte pathétique, trois désormais classiques du répertoire brélien, qui figurent toutes sur un 25 cm enregistré deux mois avant ce mémorable Bobino.

En studio, Rauber et Jouannest sont là, le premier à présent aux commandes de l'orchestre et des arrangements. C'est lui qui, par exemple, a suggéré à Brel les ondes Martenot (variante sophistiquée de la scie musicale) dont joue Sylvette Allart sur « Ne me quitte pas », première intrusion dans sa musique de l'insolite instrument (avant « Le Plat Pays » et « La Fanette »).

Peu estimée par son auteur, cette supplique est aujourd'hui sa chanson sans doute la plus connue, la plus reprise en tout cas. S'identifiant sans fausse pudeur à ses paroles, Brel se livre ici en amant trahi, délaissé, qui implore le retour, et quasiment la pitié de sa bien-aimée qu'on devine cruelle, mais dont il n'est pas question, sinon sous forme abstraite. « Ne me quitte pas » est typiquement la chanson citée en exemple par les allergiques à Brel, à ses excès de pathos, et le « clip » télévisé n'y change rien, qui montre un Brel en gros plan, suant un chagrin qu'on sait néanmoins joué.

Curieusement, la force lyrique de ce futur classique brélien est reléguée en face B du super 45 tours Philips de l'époque. « La Valse à mille temps » trône au recto, funambulesque exercice de diction, jouant sur l'accélération progressive du tempo, et dont le potentiel comique sera bien senti par Jean Poiret quand il le pastichera un peu plus tard, très pince-sans-rire, sous le titre de « La Vache à mille francs ». En quelques mois, « La Valse » entraîne allégrement Brel vers des chiffres de vente inconnus jusqu'ici (environ 500 000 exemplaires). Un décollage.

Dans le même disque, on entend « La Dame patronnesse », sur un mode – médiocrement – comique. Mais le premier bijou du genre est bien « Les Flamandes ». Bourrée plus dérisoire que méchante, annonçant l'anticalottisme un brin démodé des « Bigotes » (davantage que le tardif et franchement teigneux « Les F... »), cette chanson focalise l'hostilité que vouent à Brel ceux qui ne supportent pas de le voir agacé par sa Belgique natale.

C'est qu'être belge est compliqué, surtout quand on avoue des origines flamandes et qu'on chante en français ; surtout quand on concentre un rejet de la « belgitude » sur ce versant flamand, flamingant même (c'est-à-dire revendiquant jusqu'à l'extrême l'identité locale). « J'ai voulu faire un petit croquis », plaidera Brel dans une interview à la RTB, en juillet 1960. À Louvain, cette année-là, on essaie de le dissuader de chanter « Les Flamandes », pomme de discorde. Ou alors seulement en dernier. Il refuse, et retourne le public en sa faveur.

À l'occasion d'une énième « tournée Canetti », en août 1960, Jacques Brel embarque dans sa troupe un nouveau venu, rencontré un peu auparavant tandis qu'il jouait de l'accordéon dans un bar de Bandol. C'est Jean Corti, d'origine italienne, et Brel l'adopte en même temps que son instrument, qui va devenir un élément familier de sa musique. Il y aura d'autres accordéonistes dans la vie de Brel, notamment Marcel Azzola, mais Corti sera le plus constant d'entre eux, le plus fidèle. Il cosignera même certaines mélodies, comme « Les Vieux » ou « Les Bourgeois ».

Pour l'instant, c'est plutôt à François Rauber, et surtout à Gérard Jouannest, qu'est dévolu ce rôle. Sur les neuf titres du cinquième 33 tours, enregistré entre février et avril 1961, le premier signe une musique et le second pas moins de cinq. De ce disque-là, on retient une bonne poignée de chansons, ce qui témoigne des grands pas que fait Brel vers sa maturité d'auteur et d'interprète : « On n'oublie rien », « Le Moribond », « Le Prochain Amour », « Les Singes », « Marieke », « L'Ivrogne », attirent diversement l'attention.

Dans la dernière citée, Brel fait nommément allusion, une fois n'est pas coutume, à une certaine « Sylvie », qui n'est autre que sa nouvelle compagne, une ex de Gainsbourg. Leur liaison est si peu cachée que Brel demande à Sylvie de quitter son travail chez Philips, puis l'installe à Paris dans un duplex où il se pose entre deux tournées, et à Roquebrune dans un « cabanon » sur la plage, face à la Méditerranée. Tumultueuse, l'aventure durera une dizaine d'années, sans jamais que sa double vie (triple à l'occasion) mène Brel au divorce.

Il restera marié, comme il restera belge, contre vents, marées, remords et regrets. « Marieke » est la première de ses chansons où l'on entend du flamand, du néerlandais plutôt. Dans cette langue qu'il maîtrise mal, et dont il refusera toujours que ses filles l'apprennent, il enregistre pourtant, à la mi-avril 1961 (et à Bruxelles), quatre titres destinés à deux 45 tours : « Marieke » et « Ne me quitte pas » (*Laat me niet alleen*), « Les Singes » (*De apen*) et « On n'oublie rien » (*Men vergeet niets*). Plus une version restée inédite de « Quand on n'a que l'amour ». L'initiative, paradoxale, intervient dans un climat linguistique chaud : en septembre, Flamingants en cortège et Wallons s'insultent dans les rues de la capitale.

Un autre genre d'agitation secoue Paris à l'heure où Brel investit de nouveau l'Olympia, en octobre. La guerre d'Algérie devient alors « bataille de Paris », qui voit s'affronter partisans du FLN d'un côté, police et harkis de l'autre. La rumeur des manifs et des combats, qui feront des victimes par dizaines, ne passe pourtant pas les portes du grand music-hall. Cet Olympia-là est spécial à plus d'un titre. La présence de Brel à l'affiche est due en fait à la défaillance de Marlene Dietrich, pour une « maladie » curieusement opportune. C'est qu'il s'agit de succéder au phénomène de l'année, qui vient de bourrer la salle de fans en délire : Johnny Hallyday, prince déchaîné d'un rock d'importation américaine. Brel ne se dégonfle pas. Il se pointe le 13 octobre avec ses deux pianistes, son Corti à l'accordéon, et un répertoire fort de six chansons inédites (sur quinze).

Deux semaines après, les 27, 28 et 29 octobre, on capte ce nouveau tour de chant et ce sera le dernier disque de Brel pour Philips. Dans ce bouquet final, on trouve « Les Bourgeois », facile à reprendre en chœur et qui accroche tout de suite le public ; « Madeleine », pathétique sous son joyeux piano bastringue ; « Les Paumés du petit matin », moqueur et fraternel à la fois ; « Les Biches », enfin, livre un de ces textes caustiques qui alimenteront la réputation misogyne de Brel. Il y a encore « La Statue », mais aussi le plus difficile car presque récitatif « Zangra », inspiré, du propre aveu de l'auteur, de la lecture du *Désert des Tartares* de Dino Buzzati. Du Brel de plus en plus solide, affermi, coupant, de mieux en mieux senti.

En l'espace de quatre ans et autant d'albums, l'univers de Jacques Brel s'est dessiné. Le prêcheur bancal et naïf s'estompe. Le chroniqueur tendre et cru s'installe, ou plutôt, toujours mouvant, se montre, et même s'exhibe. C'est l'homme de scène qui s'impose avant tout, et c'est sur les planches des music-halls parisiens, mais aussi des théâtres, bars et casinos de province et d'ailleurs, que son talent d'auteur-conteur éclate, avec un sens inné de la mise en scène porté à ébullition par ce don de soi qu'aucun détracteur ne pourra lui enlever. Il est frappant, à l'écoute des enregistrements publics de Brel en ce tout début des années soixante, d'y entendre, en plus d'une voix encore aiguë et rapide, aussi peu de différence avec les versions studio des mêmes chansons. C'est qu'il les transcendait par sa présence plus que par la musique. C'est aussi que les disques avaient le don de saisir un chanteur jamais dompté par le confort des prises multiples, éternellement à vif. De ce point de vue, rien ne change quand il passe de Philips à Barclay, où va se graver désormais le plus beau de sa discographie.

Chapitre 4

Tout en haut de l'affiche (1962-1967)

Sacré à l'Olympia, Jacques Brel est désormais vedette de la chanson française, presque dix ans après ses débuts difficiles. Il aura mis tout ce temps à y parvenir, tandis qu'un jeune gandin, belge d'origine comme lui, mais le masquant sous un pseudonyme hollywoodien, casse la baraque en quelques hoquets et déhanchements, porté par une furie rock'n'roll bientôt affadie en yé-yé. Rompant net avec une tradition du music-hall que perpétuent à leur manière Brel, Brassens, Ferré, Aznavour, ou même le très agité Gilbert Bécaud, Johnny Hallyday, puisque c'est de lui qu'il s'agit, est propulsé sur le devant de la scène à l'âge encore tendre de 18 ans.

Sentant le vent tourner, la maison Philips l'arrache à Vogue pour en faire son nouveau fleuron. Jacques Canetti, vexé par cette décision prise à son insu, quitte le navire et ses poulains doivent alors se débrouiller sans lui. Jacques Brel a fait la connaissance d'Eddie Barclay, flambeur avenant et véritable amateur de musique. Poussé par Charley Marouani, il cède sans difficulté aux avances de la jeune compagnie Barclay, où il rejoint

Aznavour et Ferré, mais aussi Nougaro, Dalida, ou encore ce fringant jeune homme repéré au sein des Chaussettes Noires, Eddy Mitchell.

Philips lui fait un procès – qu'il perd, sanctionné par un franc symbolique. Puis, poursuivant Barclay, Philips perd à son tour, mais il y faudra deux ans de procédure. Pendant ce temps-là, Brel ne pourra enregistrer qu'au risque de voir les bandes saisies par la justice. Tant pis, il fonce et s'organise. À sa femme Miche, il confie le soin d'éditer ses chansons : c'est la création, en octobre 1962, des éditions Pouchenel (Polichinelle, version belge). Ainsi les affaires les lieront-elles toujours.

Le premier disque Barclay de Jacques Brel est un 33 tours 30 cm, où l'on retrouve les six titres dont l'Olympia avait eu la primeur, mais cette fois peaufinés au Studio Hoche et flanqués de six autres nouveautés. Parmi celles-ci, la languide rêverie d'« Une île », l'amusant « Rosa », nourri de souvenirs de collégien, le pétulant « Bruxelles », qui remonte aussi l'horloge du temps jusqu'à l'enfance. Et puis il y a « Le Plat Pays », encore une de ces chansons auxquelles l'auteur disait ne pas croire, une réussite pourtant, du côté de la veine paysagiste et de l'épure lyrique. Chant d'amour triste à la Belgique, preuve d'attachement à cette terre malgré tout, qui compense, si elle ne les contredit pas, d'autres déclarations de haine. Les ondes Martenot donnent à la chanson un cachet lugubre à souhait, qui lui épargne la joliesse.

« Le Plat Pays » devient un tube et, chanté en flamand, *« Mjin vlakke land »*. Mais si son inspiration ramène inlassablement Brel à sa Belgique natale, l'homme continue d'être tiraillé entre Bruxelles-famille et Paris, où l'attend Sylvie. Miche encaisse. Ne disait-elle pas dans une interview à la radio belge en avril 1960 : « J'espère bien qu'il ne vit pas les yeux fermés ! Cela ne me fait pas ombrage du tout. » Et à la question : « Êtes-vous jalouse ? – Surtout pas. » Elle veille sur ses trois filles, qui voient leur papa trois-quatre jours par mois, guère plus. Un père à la fois peu regardant et strict, aussi conventionnel que libéral. Un père qui n'hésite pas à répondre, à un interviewer qui lui demande : « Quelle chose a le plus d'importance pour vous ? – Très honnêtement, c'est moi. »

Loin de Bruxelles, Brel écrit toujours à Miche. Et il est très souvent loin. La vie en tournée a ses rites, ses fatigues et ses charmes : il aime étirer la nuit dans les bars et les bordels, pour y boire sans forcément « consommer » (mais il pourrait en faire un guide, plaisanta-t-il un jour), se tape à l'occasion un bon restau, jouit de la compagnie des potes, Jojo en tête. Pour la seule année 1962, pas moins de 327 concerts, soit à peine plus d'un mois de repos... quand il n'enregistre pas.

Un nouveau 45 tours sort en décembre, avec le savoureux « Les Bigotes » et le cruel « Les Filles et les Chiens », cruel pour les filles, s'entend, et encore une pièce accablante à verser au procès en misogynie. Le printemps qui suit voit Brel compléter l'album à venir. Au programme de ces séances d'avril 1963, des perles comme « Les Vieux », et son tempo à petits pas tristes, « Les Fenêtres », « Les Toros », et surtout « La Fanette », une des vraies splendeurs du répertoire brélien, avec de nouveau les ondes Martenot jouées par Sylvette Allart, cette fois pour figurer le vent de la dune – presque comme un violon –, avec un simple drame à trois personnages, le narrateur étant comme au-delà de l'histoire, avec un phrasé plus mûri par rapport au « Plat Pays », des accents plus graves.

Le tout donne un deuxième 30 cm chez Barclay, mais Brel ne se contente pas d'honorer son nouveau contrat. Par amitié pour François Rauber, il a écrit l'année précédente un argument pour *Jean de Bruges*, poème symphonique en trois mouvements composé par son fidèle arrangeur pour le concours du Conservatoire. Les textes sont destinés à la voix d'un baryton, Brel les reprendra quelques mois plus tard sur le mode parlé, et ces *Trois histoires* finiront sur un disque devenu pièce de collection, un 25 cm intitulé *Jacques Brel chante la Belgique*.

En juillet, l'enfant du (plat) pays tient sa revanche au casino de Knokke-le-Zoute, là même où il avait connu l'une des pires humiliations de sa carrière débutante. « [Il] a véritablement réduit les dimensions de la salle par la puissance de son interprétation », commente la presse locale. Onze titres formant un florilège du Brel de l'époque sortiront trente ans plus tard sur l'album posthume *Brel Knokke*.

Janvier 1964 avait tout pour être une période heureuse et faste dans la vie de Jacques Brel. Il vient de se produire à L'Ancienne Belgique de Bruxelles pour les fêtes. Il est à présent en studio pour enregistrer les nouvelles chansons qu'il a composées à Roquebrune pendant les deux mois de repos forcé que lui a valu un pied cassé. Le 7 janvier sont ainsi gravés « Les Bonbons », fameux échantillon de la veine satirique de Brel, et « Les Bergers », platement bucolique à renfort de flûtiaux. Le lendemain, c'est au tour de « Jef », complainte lyrique pour un pauvre type, et du « Dernier Repas » qui, sur un thème musical enjoué, refait le coup des ultimes volontés d'un autre « moribond ».

Funeste coïncidence, Romain Brel, le père de Jacques, meurt précisément ce jour-là, peu avant son quatre-vingt-unième anniversaire. Mais il faut bien continuer à vivre, à travailler, à chanter. Le 9 janvier, Brel enregistre (autre coïncidence ?) deux de ses chefs-d'œuvre :

« Mathilde », faux hymne au retour de la traîtresse amante, sur fond de galop cuivré ; et « Au suivant », sinistre évocation du « bordel ambulant » où un jeune troufion perd son pucelage.

Au suivant... Ces mots devaient résonner bizarrement aux oreilles de Brel fils se rendant à Bruxelles à l'enterrement de son père. Ses parents étaient donc eux aussi des « vieux » tels qu'il les chantait dans son album précédent. Mouky, depuis longtemps malade, plusieurs fois opérée, ne survivra à Romain que deux mois. « Je ne sers plus à rien maintenant », a-t-elle dit à son aîné Pierre après la mort de son mari. Elle n'avait pourtant que 68 ans.

Pour Brel, c'est une vraie rupture. Il coupe définitivement tout lien avec la cartonnerie Vanneste où son père voulut jadis l'enterrer. À Bruxelles, il a renoué son ancienne amitié pour Hector Bruyndonckx, mais seuls, en fait, sa vie de couple officielle avec Miche et son métier de père de famille intermittent auprès de trois filles qui grandissent et l'admirent à distance, l'attachent encore à cette ville.

En mars 1964, retour au studio pour mettre en boîte les deux titres qui compléteront le nouveau 25 cm. Pas les meilleurs, d'ailleurs : « Titine » (variation sur un air connu) et « Le Tango funèbre », encore le point de vue d'un mort, et bel exercice d'écriture plus que grande chanson.

L'automne sera celui d'un nouvel Olympia. Mais pas un Olympia de plus. Un genre d'apothéose, dont la trace sonore est heureusement conservée sur disque. Le soir du 16 octobre, le public parisien, médusé, prend en pleine figure un ouragan qui s'appelle « Amsterdam ». Peu sûr de cette nouvelle chanson – l'une des trois inédites de son répertoire –, Brel l'a placée en troisième position du tour de chant. Porté par l'accordéon de Corti, le piano de Jouannest et l'orchestre de Rauber, c'est un triomphe immédiat. Debout, la salle ovationne. Comme pour authentifier ce moment très spécial, « Amsterdam », avec ses putains, ses marins, ses frites et ses morues, son « accordéon rance », ne sera jamais enregistrée en studio, pour toujours baignant dans sa sueur, rengaine bastringue poussée presque à l'épilepsie.

Sur les planches de l'Olympia, Brel, comme tous les autres soirs, se donne à fond, gesticule, transpire, postillonne, joue sa vie dans chacune de ces chansons qui parlent des autres. Puis salue au dernier morceau sans espoir de retour malgré les vivats, aussi sûrement qu'il aura vomi avant d'entrer en scène : son bain, son ring, son enfer et son paradis.

Le disque *Olympia 64* sort dans la foulée. Désormais encensé par une presse unanime, Brel est de plus en plus sollicité : partout en France et ailleurs pour ces concerts qu'il enchaîne avec une générosité frisant la surdose, mais aussi à la radio, à la télévision. Au printemps suivant, il est élu chanteur de l'année par les lecteurs de l'hebdomadaire *Music-Hall*. Deux livres lui sont consacrés, dont celui de Jean Clouzet dans la collection réservée par Seghers aux « Poètes d'aujourd'hui ».

Le « poète », jamais posé, jamais rassasié, s'en va désormais conquérir de lointains territoires. En octobre 1965, c'est une tournée en Union Soviétique, achevée par un triomphe à Moscou. En décembre, il donne une série de concerts au Carnegie Hall de New York, et déclenche pareillement l'enthousiasme. Aux deux points opposés de la guerre froide, les critiques s'enflamment. Ici : « Il a crevé la scène avec la violence d'un orage magnétique »... Là : « Toute l'impétuosité, tout le caractère chaotique, la nervosité du XXᵉ siècle circulent en lui, comme les impulsions d'un moteur ». Brel, c'est prouvé, est un chanteur présumé « à textes » qui brise allégrement la barrière de la langue. Brel est une star.

Entre ces deux voyages, il a trouvé le temps d'un passage en studio. Les six chansons de novembre 1965 seront groupées sur un 25 cm, le dernier sous cette forme en voie d'être entièrement supplantée par l'album 30 cm que les Anglo-Saxons ont déjà généralisé. On y entend un Brel d'humeur généralement sombre : « L'Âge idiot », « Fernand », successeur de Jef, et bien sûr « Les Désespérés », dont le chanteur avoue connaître le chemin « pour l'avoir cheminé / déjà plus de cent fois ». Deux nouveaux chefs-d'œuvre absolus complètent le lot. « Ces gens-là », très noir tableau de famille qu'on ne saurait réduire à sa dimension théâtrale (mimant chacun de ses personnages en scène, Brel y déployait comme jamais son talent transformiste). Écriture, orchestration, gymnastique vocale, tout concourt à faire vibrer chaque seconde du morceau, jusqu'à sa chute pathétique. Enfin, mené tambour battant, entre cavalcade prussienne et espagnolade sans castagnettes, « Jacky » donne le meilleur du Brel explosif, électrique, le même qui sublimait la valse banale d'« Amsterdam ». Une fois encore, les arrangements de François Rauber n'y sont pas pour rien.

Ce dernier, on s'en souvient, règne en studio. À Jouannest et Corti, les gaietés des tournées provinciales et autres galas internationaux. Pas éternellement gaies, cependant. La lassitude, que Brel lui-même évoquait en privé dès 1964, et qui perce incidemment dans un vers de « Jacky » (« même si lassé d'être chanteur / je devenais maître chanteur »), gagne aussi ses troupes. Jean Corti jette l'éponge le premier. Il est de ceux qui se sentent peu à peu mis sur la touche par un Brel entouré désormais d'une sorte de garde rapprochée. Le jour où Corti, à Moscou, lui fait part de sa décision, Brel lui dit son intention d'en faire autant : « Moi aussi, de toute façon, j'arrêterai un jour... »

Ce jour viendra plus vite qu'on ne pouvait s'y attendre. Il y aura l'épisode de Vittel où, par un soir d'orage, le 21 août, en présence de Charley Marouani et de France, sa fille, il décrète : « C'est fini. » Ajoutant, comme pour mieux persuader les témoins stupéfaits : « Je ne veux pas baisser. » Ce n'est pas la première fois que Brel lâche ainsi son ras-le-bol, mais celle-ci est la bonne. Reste à organiser les adieux. L'Olympia s'impose naturellement.

Ce ne seront pas des adieux officiels, Brel n'en veut pas. Du 6 octobre au 1er novembre pourtant, la salle est comble, l'émotion palpable et le public comblé. En vedette américaine, le sympa Michel Delpech perpétue la tradition des jeunes collègues hébergés sur la scène du Grand Jacques. Celui-ci livre quinze chansons dont pas moins de cinq nouvelles (« Le Cheval », « Fils de... », « Le Gaz », « Mon enfance » et « Les Bonbons 67 »). Ces quinze-là, jamais une de plus, pas même le dernier soir quand, au bout de vingt minutes d'ovation et de sept saluts émus à la foule debout, il revient en peignoir et chaussettes, tel un boxeur exténué, et lâche, souriant de toutes ses dents : « Je vous remercie, parce que ça justifie quinze années d'amour... »

« En définitive, écrivait Georges Brassens dans le programme de l'Olympia, je crois que, malgré ce qu'il raconte, Jacques Brel aime tout le monde. Je suis même persuadé qu'il aime tout particulièrement ceux qu'il engueule le plus. » À la mi-novembre, c'est à Bruxelles que Brel tire sa révérence. Au Palais des Beaux-Arts, il chante avec « La... La... La » (enregistré seulement un mois plus tard) une nouvelle version de son ode à la Belgique. Son « merde aux Flamingants » (faut-il qu'ils les aiment, ceux-là...) passe mal. Face à un tollé où se distingue la voix du Mouvement Populaire flamand (extrême droite), le vice-Premier ministre De Clercq fait front, citant au passage un article du quotidien *De Standaard* : « Laissez-le chanter, même s'il déraille parfois. » Brel savoure sa dernière provoc, et enchaîne... À Londres, il remplit le Royal Albert Hall.

Une fois gravé *Jacques Brel 67*, douzième album (où l'on trouve les nouveautés de l'Olympia, plutôt sur un mode comique, mais aussi la déprimante « Chanson des vieux amants » et son lugubre « il faut bien que le corps exulte... »), la tournée d'adieu reprend son cours frénétique : le Maroc, New York et le Canada verront encore Brel en scène. La télévision française aura aussi sa cérémonie, sous la forme d'un *Palmarès de la chanson* spécialement consacré à l'artiste : un tiers de reprises en hommage (par Jean Poiret ou Juliette Gréco), deux autres tiers de récital, « Amsterdam » et « Bonbons » inclus. Triomphe en noir et blanc dans des millions de salles à manger, frappant toutes sortes d'imaginations.

Puis la route reprend ses droits ; il faut tenir les engagements pris. Et c'est, pour finir, un cinéma de Roubaix, pour la vraie der des ders, sans tambour ni trompette, le 16 mai 1967. D'une voix un peu cassée, Brel annonce à Rauber, à Jouannest et aux autres : « Celle-là, on ne la fera plus... »

Chapitre 5

Cinémas (1967-1973)

Quelques jours seulement séparent les adieux à Roubaix du tournage des *Risques du métier*, le film d'André Cayatte où Jacques Brel fait ses vrais débuts au cinéma. Mais il s'agit clairement pour lui d'une nouvelle phase. Personne évidemment ne le voyait prendre sa retraite à 38 ans – lui le dernier. Son énergie est intacte, elle le pousse à présent vers d'autres ailleurs.

Le cinéma en est un, bien qu'il ne nourrisse pas pour lui une passion débordante. Brel, amateur à l'occasion de Charlot ou de von Stroheim, est un spectateur impatient, qui s'ennuie facilement. « Tourner m'amuse davantage que de voir des films, dira-t-il un jour. D'ailleurs, je m'endors toujours dans une salle. » D'abord rétif aux avances de Cayatte, il enfourche ce nouveau cheval de bataille par amour du rôle proposé : un instituteur de campagne accusé de tentative de viol par plusieurs de ses élèves. « J'ai eu un choc, le coup de foudre, exagère-t-il alors. Cet instituteur, c'était tout à fait moi... » L'acteur novice (à son actif deux courts-métrages obscurs), qui a dû apprendre à se passer d'un public, sera moins enthousiaste une fois le film fini. *Les Risques du métier*, malgré une critique moins que tiède, sera pourtant un succès, et Brel en tire profit, qui porte à bout de bras l'intrigue manichéenne de Cayatte. Révélation de l'année 1967, lit-on même dans telle colonne.

Le revoici aussi sec en Raymond la Science parmi *La Bande à Bonnot*, tourné au début de 1968, juste avant ce fameux printemps qu'on ne devine pas encore chaud. Brel y joue un anarchiste 1900, à moustache et bésicles, sous la direction du réalisateur Philippe Fourastié, et l'œil du chef opérateur Alain Levent, dont il se fait bientôt un ami. Car déjà, lui qui côtoie des pointures – Annie Girardot, Bruno Cremer – paraît moins attiré par le jeu d'acteur que par la technique. Sorti en octobre 1968, le film est loin de casser la baraque. On a vu entre-temps d'autres anars défiler.

Jacques Brel s'est rapidement désintéressé de l'ébullition étudiante du joli mai. Il défile le 13, sans grande conviction, puis se défile, non sans lâcher le 19, sur Europe 1, quelques paroles bienveillantes : « Ils ont bien raison de tout remettre en question », ou encore : « Ils vaincront... parce qu'ils sont les plus jeunes » – un bon mot, ça ne mange pas de pain. Et Brel en a sur la planche, puisque, le 15 du même mois, il grave au Studio Hoche les deux premiers morceaux d'un album à venir : « La Bière » (première version) et le splendide « Je suis un soir d'été », annonciateur d'une veine plus récitative, aux orchestrations amples. En septembre, viendront d'autres chansons nouvelles – dont l'étourdissant « Vesoul », qui cartonnera en 45 tours – et cette dizaine-là compose, on y reviendra, peut-être le plus beau des albums de Brel. Mais elle est à l'époque un peu reléguée au second plan.

Car il se prépare une autre révolution personnelle. Le rêve fou d'une comédie musicale a enfin pris forme. Brel y pensait depuis un bail. Miche lui avait parlé d'un spectacle vu aux États-Unis,

Man of La Mancha, d'après le *Don Quichotte* de Cervantès. Le déclic est venu début 1967 quand, séjournant à New York, il assiste, entre deux concerts au Carnegie Hall, à une représentation de ce *musical play* vanté par sa femme. « *To dream an impossible dream...* » Oui, cette ambition-là, qui fusionnerait le tour de chant aujourd'hui dépassé, et ses velléités d'acteur complet, mais surtout lui permettrait d'écrire, ce pari-là le démange.

Coïncidence, il est devenu lui-même sujet d'un *musical*, américain également : *Jacques Brel is alive and well and living in Paris*, monté par un admirateur du nom de Mort Shuman, démarre dans la douleur à Greenwich Village. Quatre ans après, le show baladé à travers le pays par une vingtaine de troupes, son promoteur, Eric Blau, aura des raisons de pavoiser. On peut vendre du Brel aux Américains, pour peu qu'on l'adapte, et quitte à s'éloigner, dans la traduction, de la lettre ou même de l'esprit de l'original (ainsi « Les Flamandes », maquillé en « Marathon »).

Jacques Brel, toujours bien vivant, donc, va saluer poliment ceux qui lui rendent un si vibrant hommage. Mais son projet à lui est d'une autre envergure. Il a vu cinq fois *Man of La Mancha*. Prend contact avec ses signataires : l'auteur Dale Wasserman (à qui l'on doit *Vol au-dessus d'un nid de coucous* au théâtre), le metteur en scène Albert Marre, le parolier Joe Darion et le compositeur Mitch Leigh. Il s'agit d'abord pour Brel d'obtenir les droits de représentation. Les Américains le prennent de court en exigeant qu'il interprète lui-même le rôle titre... non sans lui faire passer une audition à Los Angeles !

Brel trouve un producteur, propose son adaptation, la modifie à la demande, trouve un appui précieux en Sylvie, assistante bilingue, et doit accepter pour Dulcinée la femme du metteur en scène, Joan Diner. Dario Moreno sera son Sancho,

François Rauber dirige l'orchestre et tout le monde répète à l'été 1968 au Théâtre des Champs-Élysées, en vue de la première, prévue à Bruxelles le 4 octobre.

Public et critique applaudissent *L'Homme de la Mancha*. On fête, autant que l'importation réussie d'un *musical*, le retour en scène de Jacques Brel. Un Brel vieilli, amaigri, aux cheveux grisonnants et longs, qui joue le double rôle de Cervantès et Don Quichotte et, note le chroniqueur du *Soir*, « tient pratiquement tout le spectacle sur ses épaules ». Le journal américain *Variety* ajoute que Brel est devenu « un superbe tragédien ». Faut dire... faut dire que le Belge emporté, qui clamait à l'oreille de son Jef « on sera espagnols », s'investit tout entier dans la peau du chasseur de moulins à vent, dans sa quête de la femme idéalisée, de l'aventure chevaleresque, de « l'inaccessible étoile ».

À Paris, on enregistre *L'Homme de la Mancha* sur un disque à sortir illico, pour accompagner le spectacle. Philips refuse de prêter Dario Moreno à son rival Barclay. Il est doublé par... sa doublure, Jean-Claude Calon. Coup infiniment plus dur : Moreno meurt. Au pied levé, le comédien Robert Manuel devient un Sancho qui ne chante pas, mais répète dare-dare. De janvier à mai 1969, tout Paris se presse au Théâtre des Champs-Élysées. La troupe en sort exténuée, Brel en tête. Il refuse d'aller plus loin, alors que, financièrement, l'opération pourrait être beaucoup plus juteuse. Les producteurs américains veulent prolonger l'aventure au Canada, et pourquoi pas à Broadway. Le « niet » sur toute la ligne de Brel arrête la machine. On réglera ça au tribunal.

Sans le savoir, Jacques Brel a encore une fois fait des adieux. À la comédie musicale, il ne consacrera plus qu'une énergie vaine. *Le Voyage sur la*

Lune, féerie pour enfants composée en 1969 avec François Rauber, sera un fiasco, représentations annulées... Quant à son vague projet de « tragédie musicale », *Les Vieux ou le Droit au mensonge*, il restera dans ses cahiers.

Le cinéma a repris ses droits. Édouard Molinaro fait lire à Brel le scénario qu'il a tiré d'un roman de 1843 très prisé par Brassens, *Mon oncle Benjamin*. L'histoire d'un médecin de campagne, provocateur et libertaire, pas si loin du Till l'espiègle que chérissent les Flamands. « Je veux mourir ma vie avant qu'elle ne soit vieille », chante le gentil héros sur des paroles de Brel, qui a mis son grain de sel dans l'adaptation. Tourné en Bourgogne à l'été 1969, le film de Molinaro confirme Brel acteur – c'est aussi celui qu'il préfère. Mais il se rêve déjà plus loin, pourquoi pas réalisateur. Quand il retrouvera l'année suivante Alain Levent sur le tournage de *Mont-Dragon*, le complot prendra forme.

En attendant, une passion pas si nouvelle dévore Jacques Brel : voler. C'est cinq ans plus tôt, au milieu d'une tournée estivale, que le virus l'a pris. Entre Biarritz et Charleville exactement, dans un quadriplace piloté par Paul Lepanse, un ancien de l'Aéronavale. Dès ce mois d'août 1964, Brel saisit le moindre moment libre pour prendre des cours de pilotage. Élève impatient et doué, il obtient presto sa licence de pilote privé et s'achète un petit avion, un Gardian immatriculé Bravo Lima Papa Golf. En juin 1966, premier voyage au long cours, vers l'Italie et la Grèce. Jacques-le-volant veut faire partager ce hobby à « ses » femmes. Miche goûte un peu, ses filles moins, Sylvie pas du tout. Monique, elle, ex-hôtesse de l'air qui s'apprête à endosser le rôle de maîtresse officielle, sera plus enthousiaste.

À l'automne 1969, ça devient très sérieux. Brel, qui s'apprête à acheter un Wasmer quadriplace, puis un Baron Beechcraft, s'inscrit à l'École des

Ailes de Genève. Formé en dix semaines par Jean Liardon – qui compte déjà parmi ses fameux disciples le chef d'orchestre Herbert von Karajan –, il obtient la licence IFR (Instruments Flight Rules), qui le qualifie pour voler « aux instruments de bord ». Fier de pouvoir copiloter un Lear Jet, Brel propose à ses filles, Chantal et France, un voyage au Maroc. Vexé par leur refus, il emmènera Miche et Isabelle à la Guadeloupe.

La mer appelle aussi ce maniaque de la bougeotte. En 1967, il s'est acheté un bateau. Trois ans après, c'est au cours d'une croisière de quinze jours, où Sylvie le suit en traînant les pieds, que se noue sa liaison passionnée avec Monique, pourtant accompagnée de son mari. Naviguer rime avec liberté, la suite de l'histoire le prouvera encore. C'est en partance que Brel se révèle souvent à lui-même et largue les amarres avec les conventions bourgeoises qui le tiennent malgré lui.

1970 est l'année de *Mont-Dragon*, adaptation par Jean Valère d'un roman de Robert Margerit. Tourné en Lozère à l'été, le film sort en hiver et rencontre un succès assez inespéré : 400 000 entrées à Paris, Brel n'avait jamais fait mieux. Il y est pourtant peu à l'aise dans la peau d'un lieutenant dégradé, moustachu et botté, arpentant le haras de son ancien colonel. Son film suivant le voit renouer avec le fait divers. Cette fois sous la direction de Marcel Carné, un Carné en perte de vitesse mais qui reste pour beaucoup le cinéaste légendaire des *Enfants du Paradis*. Brel incarne, aux côtés de Charles Denner et Michael Lonsdale, un juge d'instruction « un peu scout attardé » (*dixit* Brel !), opposé à des policiers tabasseurs et à sa hiérarchie. Filmé sous l'étroite surveillance de la censure, *Les Assassins de l'ordre* est accueilli par un pesant silence. Carné compare son acteur principal à Gabin.

Mais jouer la comédie ne satisfait plus Jacques Brel. L'été 1971 venu, il s'attaque à sa première réalisation, *Franz*. « C'est une histoire d'amour entre deux paumés, deux ratés, deux pas beaux », dit-il. Devant la caméra du fidèle Alain Levent, Brel interprète lui-même Léon, Belge innocent un brin mythomane, en quête d'amour, échoué dans une pension du bord de mer. Il a imposé Barbara dans le rôle de Léonie, dont Léon tombe amoureux. L'affiche du film joue sur la réunion des deux monstres sacrés, comme un concert impossible.

Une critique mitigée salue la sincérité du cinéaste débutant. Le public ne suit pas, malgré ce tapageur slogan paru dans la presse : « Un cinéaste qui prend des risques à chaque plan, on n'a pas vu ça depuis dix ans. » Signé Claude Lelouch. Qui a justement rendu visite à son nouveau confrère sur le tournage de *Franz*, avec Lino Ventura, et une idée derrière la tête : lui confier un des rôles de son prochain film, *L'Aventure, c'est l'aventure*. Brel accepte sans même savoir de quoi il retourne – cela tombe bien, l'homme d'*Un homme et une femme* n'a pas l'habitude de faire lire son scénario.

Promu gangster de comédie dans la joyeuse bande assemblée par Lelouch (Lino Ventura, Charles Gérard, Charles Denner, Aldo Maccione), Brel passe l'automne 1971 à courir le monde : Afrique, Italie, États-Unis, Caraïbes... À Antigua sera tournée la fameuse scène de drague où Maccione crée sa démarche légendaire « cul en arrière ». C'est dans cette ambiance Club Med que Jacques l'acteur en vacances succombe au charme d'une accorte figurante guadeloupéenne, Maddly Bamy, comédienne et danseuse. Là aussi se scellent les amitiés viriles qui lui sont chères : avec Lino Ventura, avec Lelouch.

En mai 1972, trois mois après la sortie de *Franz*, le Festival de Cannes accueille fraîchement

L'Aventure c'est l'aventure, farce cynique. Qu'importe, le grand public marche et le film deviendra un classique de la télé du dimanche soir. Claude Lelouch, en bon camarade, finance pour plus d'un quart le nouveau projet de Brel réalisateur, *Le Far West*. Sur le papier, c'est risqué : un groupe de quadragénaires belges déguisés en cow-boys jouent à retrouver l'enfance. À l'écran, Jack (Brel lui-même) et son équipe ne font pas illusion très longtemps. « Les adultes sont déserteurs », y chante-t-il. Et, plus surprenant : « Tous les bourgeois sont des Indiens... »

Présenté à Cannes le lendemain de *La Grande Bouffe*, le film est descendu par la critique, l'indulgence n'étant plus de mise. Cinglant, l'échec arrête net la carrière du Brel cinéaste. C'est ainsi : pour apprécier le cinéma de Brel, il vaut mieux s'intéresser à Brel qu'au cinéma. Et cela même ne suffit ni à faire courir le spectateur, ni à soutenir une vocation seconde. L'acteur, dans la foulée, s'apprête à raccrocher. Sorti à la fin de l'été 1972, *Le Bar de la Fourche*, qui marque les premiers pas de réalisateur d'Alain Levent, a lui aussi fait un bide. Le cinéma ne fascine plus Brel, mais encore, il le lasse, l'épuise.

Par respect d'un engagement déjà pris, par amitié également pour Édouard Molinaro et Lino Ventura, il pointe une dernière fois sur un plateau, celui de *L'Emmerdeur*. Adapté d'une pièce de Francis Veber, *Le Contrat*, cette histoire drôle et noire est celle d'un tandem mal assorti – une veine que Veber exploitera avec succès dans ses propres films. Brel excelle dans l'emploi peu glorieux du représentant en chemises qui devient pour Ventura-le-tueur, le plus gluant des pots de colle. Leur duo fait un tabac et les adieux de Brel à l'écran seront aussi son triomphe populaire.

Chapitre 6

Son île (1973-1978)

En janvier 1974, Jacques Brel rédige son testament. Non qu'il sente, comme on l'a cru parfois, les prémices de la maladie. Son notaire le lui a conseillé, apprenant qu'il voulait s'embarquer pour un tour du monde en bateau. Déjà, les deux derniers mois de 1973 ont été consacrés à un premier tour de chauffe : rien de moins qu'une traversée de l'Atlantique sur un voilier charter, le *Korrig*, avec cinq équipiers. « Tu sais, le bateau me botte bien [1] », écrit-il à Miche, restée à Bruxelles. Et d'ajouter : « ... ne pas voir le monde est une récompense admirable ». À Monique, il précise : « Je préfère un coin de port plutôt que voir les hommes. » Jacques Brel se découvre solitaire, y prend goût.

Dans d'autres lettres, il charge Miche de se renseigner sur l'achat d'un bateau, sur la formation nécessaire. De retour au bercail, une fois qu'il a fait de l'épouse légitime sa légataire universelle, il se met en quête du bateau de ses rêves. Il le trouve en Belgique : c'est l'*Askoy II*, un yawl de dix-huit mètres en acier, plein de boiseries. Trois mois de

1. Les citations de correspondance sont tirées du livre d'Olivier Todd, *Brel, une vie*.

cours à l'École royale de la marine et le voilà capitaine.

Mais l'équipage ? Avec qui prendre le large ? À ce moment de sa vie, Brel a trois filles, bien sûr, et trois femmes aussi, puisque, outre Miche, Maddly n'a pas encore évincé Monique du paysage. Parmi les premières, l'intermittent papa choisit France, la plus dévouée sans doute à sa cause, la plus admirative. Chantal est sur le point de se marier. Isabelle n'a que 15 ans. Le 1er juin 1974, les filles organisent une fête à bord de l'*Askoy* pour l'anniversaire de mariage de Jacques et de Miche. Ça tourne au vinaigre. France finit par comprendre que c'est Maddly qui sera du voyage. Pendant ce temps-là, Georges Pasquier, le vieil ami Jojo, est au plus mal.

Un post-scriptum à la carrière cinématographique de Brel tombe au milieu des préparatifs. Pour les besoins de l'adaptation à l'écran de *Jacques Brel is alive and well and living in Paris*, Denis Héroux, le réalisateur, persuade le héros, jusqu'ici absent du *musical*, d'en justifier le titre par une apparition-hommage. On voit donc Brel, filmé assis à une table de bistrot, chanter en play-back « Ne me quitte pas » – une version réenregistrée pour l'occasion, la troisième en tout après celles de 1959 et 1972. Ironie de cette insistance : c'est bien lui qui, cette fois, s'en va.

Le 24 juillet, l'*Askoy* prend la mer. À son bord, Brel, France, Maddly, promue second, et deux marins, un Hollandais et un Suisse, peu capables et bientôt relevés par deux Anglais. À l'escale aux Açores, les attend un télégramme : Jojo est mort, vaincu par le cancer. Brel rentre à Paris, accompagne le corps de son vieux pote jusqu'en Bretagne. Puis regagne les Açores sans assister au mariage bruxellois de sa fille aînée. Dans une lettre à Miche, il dit trouver la manœuvre du bateau

« vraiment trop compliqué (*sic*) ». Le plus complexe, en fait, est de gérer les allées et venues des équipières : Miche doit venir en visite à la Toussaint, comment éviter qu'elle ne croise Maddly ? Etc.

Victime d'un infarctus, Brel est rapatrié d'urgence en Suisse, où l'on décèle une tumeur cancéreuse au poumon gauche. Il est opéré à Bruxelles, convalescent au Hilton. Juste avant Noël, il rejoint les Canaries, où l'attend son bateau. La traversée reprend, avec seulement Maddly – qui épargne à son Jacques, dont l'épaule flanche, le plus lourd du travail – et France. Celle-ci se sent en trop, et à force de faire la gueule, finit par craquer : elle quitte le navire à Fort-de-France. Le père, fataliste (ou furieux ?) : « Je te dis adieu, parce que je sais que je ne te reverrai plus jamais. »

Jacques et Maddly musardent aux Antilles, pendant que les rumeurs courent en France sur la santé de l'artiste, la presse faisant feu de tout (petit) bois – ainsi le fameux article du chanteur-navigateur Antoine, rencontré par Brel à Porto Rico, récit paru dans *Le Hérisson*... Passe ainsi l'été 1975. De la Guadeloupe (où il fut un temps question de s'installer) au Venezuela, puis à Panama. Le 22 septembre, l'*Askoy* met le cap sur les Marquises.

Quand ils arrivent, deux mois plus tard, sur l'île d'Hiva-Oa, où niche un seul gros village, Atuona, Brel pense n'y faire qu'une escale. Toujours dans l'idée de s'établir, il se voit proposer un bout d'atoll polynésien ; mais Tahiti ne l'attire pas. À près de 1 500 kilomètres de là, la rudesse inhospitalière d'Hiva-Oa, un pays volcanique et si peu plat, aux pics de 1 000 mètres, le retient. Il quitte l'*Askoy*, logement provisoire, le revend et loue une petite maison en bois non loin du cimetière où repose Gauguin. On est en juin 1976. Voilà son île, loin des « fous qui vous demandent d'être sages », chantait-il quatorze ans plus tôt (« Une île »).

En octobre, écrivant à son ami Lelouch pour lui commander l'envoi de deux projecteurs 35 mm (et de quelques films, tant qu'à faire), il glisse : « Je croyais faire un saut jusqu'à l'Europe mais le courage me manque d'aller au gris ». Propagateur du cinéma, Brel se rend plus utile encore en mettant le petit avion qu'il s'est acheté, un bimoteur Twin Bonanza baptisé « Jojo », à la disposition des locaux. Jojo le taxi transporte même le courrier.

Une nouvelle vie a commencé : on prend le temps de cultiver son (petit) jardin, on cuisine pour les amis (des poulets au foie gras, des soupes aux truffes !), on lit, on relit ses vieux bouquins, on fréquente les sœurs de Cluny qui enseignent aux jeunes filles, on salue le curé en criant « Dieu est mort ! », on se promène dans l'île avec madame, tout de blanc vêtu. Mais les chansons rôdent par là, le chanteur retraité se remet à composer, aidé d'une boîte à rythmes.

Et cette fatigue récurrente, ce mal à respirer que n'arrange pas l'air étouffant d'Hiva-Oa ? À Bruxelles, où il a dû se rendre fin 1976, on (le professeur Nemry, qui l'opéra) lui assure que son cancer dort pour de bon. Brel, pas vraiment dupe, multiplie auprès des amis de rencontre les allusions plus ou moins bravaches à la mort qui le guette.

En 1977, il s'ancre à Hiva-Oa, postule à devenir résident permanent, achète un terrain surplombant la baie, donc plus aéré, dans l'idée d'y construire une maison. En mai, dans une lettre à son ami le chirurgien Arthur Gelin, il confie : « J'écris beaucoup, je ne sais trop ce que cela mérite mais j'écris... » En juillet, à un autre ami belge : « Dans ces îles où la solitude est totale, j'ai trouvé une sorte de paix. » Mais c'est à peu près dans ces eaux-là qu'il alerte également Eddie

Barclay. Dix-sept chansons nouvelles sont prêtes, il faut bloquer « des dates de studio pour septembre ou octobre ; je serai là ».

Le Jacques Brel qui arrive à Paris en cette fin du mois d'août 1977 n'est plus tout à fait le jeune homme efflanqué, gauche et plein d'espoir qui débarquait du train de Bruxelles pour une audition chez Philips, il y a presque un quart de siècle. Physiquement, les traces de la maladie sont visibles : l'homme a grossi, grisaillé, porte barbiche et, privé d'un morceau de poumon, respire mal. Le moral est usé, le retour à l'Europe, à la ville, aux usages du monde, ne lui plaît pas. Mais à part cela, madame la marquise, tout recommence à zéro.

Descendu dans un petit hôtel près de l'Étoile, il soumet aux fidèles assemblés (Rauber, Jouannest, Barclay, Marouani) ses cassettes de travail. Voix grave, mélodies monocordes. Les arrangeurs s'accordent : il y a encore du travail. On répète chez Juliette Gréco, rue de Verneuil, à des heures peu conformes à l'orthodoxie du show-biz : aux Marquises, Brel est devenu couche-tôt. Le Studio Hoche est réservé pour deux mois, à partir du 5 septembre.

Avec Eddie Barclay, qui se défend quand on l'accuse d'avoir forcé la main à l'exilé, les relations ne sont pas franchement cordiales. Barclay n'avait jamais abandonné la perspective d'un nouveau disque de Brel. Six années auparavant, il lui a même fait renouveler son contrat dans des circonstances un peu particulières. En 1971, en effet, alors que Brel n'a rien enregistré de nouveau depuis son album de 1968 (sans titre, avec « J'arrive » et « Vesoul »), la maison Barclay ne va pas très fort. Voulant faire un geste, l'artiste offre carrément un contrat à vie. Illégal, lui dit-on. Il signe néanmoins en mars un contrat de deux fois trente-trois ans, absurdité qui n'a fait que prendre ensuite un relief morbide.

Pour fêter cela, Brel accepte l'année suivante de réenregistrer une sélection de chansons anciennes avec de nouveaux arrangements, plus étoffés, voire électriques, et en stéréo. Le résultat restera comme un ajout bizarre à sa discographie. Et de fait, malgré les presque dix ans d'écart, c'est bien dans la continuité de l'album *J'arrive* (appelons-le ainsi) que s'inscrit le tout dernier, ce testament sonore dont la pochette s'orne du seul nom « Brel », comme s'il logeait déjà dans quelque ciel.

Le 1er octobre, on met en boîte « Les Marquises », dernier morceau du disque à venir. Douze ont été gardés, cinq écartés (plus deux blagues parlées). Il aura donc fallu moins d'un mois pour accoucher de ce recueil que tout le monde attend. La longue absence de Brel – pour les moins de vingt ans, il est du passé – et sa popularité intacte justifient l'effervescence. Avec Barclay, Brel a décidé le silence promo. Aucune interview. Mais la maison de disques échafaude un plan. Écoute avancée pour quelques hebdos, et distribution générale *via* des containers aux combinaisons gardées secrètes jusqu'au dernier instant. Magasins comme stations de radio seront servis à une heure fixée : le jeudi 17 novembre, 12 h 51. Les précommandes suscitent un tirage record d'un million d'exemplaires.

Le tumulte est à la mesure de la discrétion voulue par Brel. Sans publicité, l'opération Barclay réussit au-delà de tout pronostic : le million de disques s'envole en vingt-quatre heures. Le 19 novembre, l'album est commenté à la télévision par un « brélologue » improvisé : François Mitterrand (dont le nom était cité, paraît-il, dans une première version de « Jaurès »).

Brel a filé en Suisse après l'enregistrement et avant la sortie ; il rejoint la Polynésie *via* Hong Kong. Dans sa maison d'Atuona, il maugrée contre Barclay ; il n'aime pas la pochette du disque, ni la photo de lui qu'on a insérée à l'intérieur. Des chansons, on le sait satisfait. À Paris, à Bruxelles, en France et ailleurs, le public s'en est emparé ; la critique, souvent élogieuse, n'est pourtant pas unanime. Et certains titres font évidemment grincer : « Les F... » était fait pour ça, qui prend encore une fois pour cible ses frères ennemis. « Messieurs les Flamingants, je vous emmerde... » Nouvelle polémique au pays. Quant à sa misogynie légendaire – il faut bien l'honorer –, elle est là dans « Les Remparts de Varsovie » ou « Le Lion », mais fait aussi irruption brutalement dans le contemplatif « La ville s'endormait » avec allusion directe à Jean Ferrat chantant Aragon. Non, décidément, pour Brel, quoi qu'on en pense ou dise, la femme n'est pas l'avenir de l'homme.

Brel fait la curieuse impression, non entamée par les années, d'être à la fois hétéroclite et cohérent. Le Jacques Brel 1977, revenu de son île lointaine pour étancher la soif universelle de chanson forte, ne saurait être seulement le poète grave et mélancolique des plus beaux titres de l'album : « Orly », « Jojo », « La ville s'endormait », « Voir un ami pleurer », et ce chef-d'œuvre au bord du silence qu'est « Les Marquises ».

Ce Brel ralenti, magnifique, et déjà révélé dans les perles du disque précédent : « Je suis un soir d'été », « L'Éclusier », « Regarde bien petit », « L'Ostendaise », ce divin Brel n'est presque plus, va s'effacer, est presque mort. Il lui faut l'autre, le Brel paillard et teigneux des « Remparts de Varsovie » (succès radio), du vulgaire « Knokke-le-Zoute Tango » ou, pis encore, du piteux « Lion ». Sursaut d'énergie vitale, de vindicte, même gratuite. À mi-chemin, « Vieillir », tangué par l'accordéon de Marcel Azzola, résume cette cohabitation :

Mourir de faire le pitre
Pour dérider le désert
Mourir face au cancer
Par arrêt de l'arbitre

1978. Brel a retrouvé son île. La vie paisible (trop ?) à Hiva-Oa, le doux ménage avec Maddly, n'éteignent pourtant pas complètement certaines démangeaisons. Dans une lettre à Gérard Jouannest, fin mars : « J'attends toujours de toi quelques musiques [...] de manière à pouvoir répandre mon génie fatigant sur les foules ahuries. Car j'écris encore quelques litanies sincères. » Celles-là, si elles existent, resteront muettes.

Mais Brel pensait-il vraiment à un autre disque ? Son emportement contre Barclay a redoublé en apprenant que celui-ci vendait sa firme à Phonogram, propriétaire du vieux rival Philips. Du moins l'ancien complice tiendra-t-il parole en gardant inédits les laissés-pour-compte du dernier album.

En juin, Jacques Brel est grand-père. À Chantal, qui vient d'accoucher, il écrit : « Et tant mieux encore si la petite ressemble aux femmes car de mon côté, je n'avais que bien peu de choses agréables à lui offrir... » Sincère modestie ?

En juillet, il va mal, tousse, crache du sang. À Tahiti, on lui décèle des ganglions, des métastases. Vite, à Paris. Le 28 juillet, il descend au George V, appuyé sur une canne, escorté de Maddly, soi-disant incognito. Mais la presse le traque. Jusqu'à l'hôpital franco-musulman de Bobigny, où on l'examine. « Les journalistes veulent la photo de mon cadavre. » Brel fait saisir *Paris-Match*, qui a publié des photos de lui le visage bandé (la chimio...). Partant chercher le repos en

Suisse, il trouve des photographes à l'aéroport du Bourget. Leur échappe en se réfugiant dans un local d'entretien, trop froid. Bronchite, embolie pulmonaire : il aura fallu de l'aide à son cancer du poumon pour finalement l'abattre, dans une chambre d'hôpital, le 9 octobre 1978, à 4 h 30. Cinq jours après, on enterre Jacques Brel au cimetière d'Atuona, à l'ombre des arbres à pain.

Épilogue

Still alive and, well...

Peu d'albums comme *Brel* approchent d'aussi près l'idée qu'on peut se faire du testament d'un chanteur. La mort suit les dernières chansons de moins d'un an et ce disque azur aux cumulus vaporeux, c'est comme s'il y avait la mort dedans, vue de près. La mort, il l'avait chantée bien des fois, forçant alors le ton, guilleret ou lugubre, il l'avait narguée souvent, mais la voici en quelque sorte sublimée, projetant à la fois sur la musique et la voix du disque ultime, et qui se sait tel, une lumière et une ombre. C'est cela, sans doute, qui empêche de rejeter vraiment les bas morceaux de l'album. Il fait un tout, sous ce parrainage spectral.

Intemporel à tous, il l'était plus encore pour ceux qui, le redécouvrant, s'appropriaient ce Brel appartenant aux pères. Ils n'avaient jusque-là pour repères qu'un fantôme d'enfance en noir et blanc, l'acteur fabuleux, en transe, d'un *Palmarès des chansons*, une poignée de classiques patrimoniaux, et le souvenir encore vif de « Vierzon » à la radio, peu après mai 1968 (« *T'as voulu voir Dutronc et on a vu Dutronc...* »).

1977 est l'année punk, l'année des Sex Pistols et de la mort d'Elvis. Avec l'album *Brel*, Jacques Brel fut parachuté dans cette année-là, à part de toute espèce de fureur contemporaine. Puis il monta au ciel, ou périt dans on ne sait quel enfer. Détaché en tout cas de ce qu'on appelle « la chanson française », heureusement. Disponible à toute passion non affiliée.

Pour ceux dont les oreilles étaient orientées vers l'Angleterre (et l'Amérique, mais l'Amérique n'a rien compris à Brel, seuls quelques Américains...), des signes allaient venir prouvant qu'il y avait bien un rapport pas si vague entre Brel et punk. Des petits British, plus ou moins punkaillons sortis du rang, promus *songwriters* en même pas cinq ans, des Howard Devoto, des Pete Shelley, des Paul Weller, des Elvis Costello, sans du tout chanter Brel, en perpétuaient quelque chose, peut-être à leur insu.

Déjà, à la génération précédente, on avait saisi qu'il y avait plus de Brel dans certains glapissements de l'Irlandais Kevin Coyne ou du Gallois John Cale (chacun signataire, ô hasard, de leur propre « Amsterdam »), que chez « Ces gens-là » revu par Ange, les Belfortains planants.

Au début des années quatre-vingt, alors que tout ce qu'on nous proposait en France pour héritage avait le visage hideux des fadaises de Pierre Bachelet ou des reprises beuglées par Serge Lama, les choses se sont précisées. Un certain Julian Cope ressuscitait Scott Walker, et Scott Walker, Américain en exil à Londres, était bien, vérification faite, le plus sensible des interprètes anglo-saxons qu'ait jamais connu Brel – l'« Amsterdam » de David Bowie (1973), justement louangé, était autant, sinon plus, une reprise de Scott que de Brel. Puis un certain Marc Almond, ex-Soft Cell, disciple du même Scott Walker, mettait du Brel à son répertoire gayment lyrico-kitsch : « If you go away », « The Bulls »...

Puis un certain Momus, chanteur lui-même, se fendait dans le *New Musical Express* de deux grands articles francophiles, l'un consacré à « Seurdj » Gainsbourg, l'autre à « Jack » Brel. L'amour de quelques dandies influents, qui entraînent le « moribond », bientôt momifié, dans leur *décadanse* : voilà qui vous classe *aussi* un bonhomme, fût-il par ailleurs cent fois catalogué, mi-Capitaine Haddock (le whisky) et mi-Tintin (boy-scout), mi-père de famille et mi-coureur, mi-globe-trotter et mi-« ancienne Belgique », mi-ceci et mi-cela...

Marc Almond ira plus tard jusqu'à dédier un show entier aux chansons de Brel – Scott Walker en aurait fait de même à la fin des années quatre-vingt – puis un album, et cela, Scott, *still alive and well and living in London,* l'avait fait dès 1967.

Des Américains ont chanté Brel : ceux qui chantaient un peu tout (Neil Diamond, Frank Sinatra), ceux qui en faisaient le chantre francophone d'une certaine gauche bien-pensante (Joan Baez, Judy Collins), ou celui encore qui crut trouver là un filon : Rod McKuen, poète beatnik à qui l'on doit des adaptations plutôt inférieures à celles de Mort Shuman, à commencer par « If you go away » (« Ne me quitte pas », que Nina Simone, elle, avait chanté en français). McKuen sortit en 1973 un album entier de Brel américanisé, mais il fit sa fortune avec l'étrange reprise du « Moribond » par Andy Williams. Étrange parce que *Seasons in the Sun*, numéro un, disque d'or, etc., est, dans toute sa banalité mièvre, une autre chanson, dont la parenté mélodique avec l'original est aussi superficielle qu'évidente.

C'est bien le « If you go away » de Rod McKuen que chante Scott Walker sur l'album *Sings Jacques Brel.* Mais pour le reste, il se fie au (bon) travail de Mort Shuman. Son choix est intéressant : « Mathilde », « Jacky », « Amsterdam », mais aussi « Funeral Tango », « My Death », « The Girls and the Dogs », « Next » et « Son of... ». Voilà un homme de goût, puisqu'il ne manque guère à ce florilège que le très casse-gueule « Ces gens-là ». Sachant qu'on est en 1967 et que les deux derniers Brel sont encore à venir – curieusement, on n'a pratiquement rien repris de ceux-là par la suite, comme s'ils constituaient un répertoire à part.

Scott Walker a presque toujours été meilleur en se chantant lui-même qu'en chantant les autres. C'est du moins le cas avec Brel, dont l'inspiration se fait d'ailleurs sentir sur des titres signés de Scott *himself* tel que « The Girls from the Street » (mais là Kurt Weill vient aussi à l'esprit). Il est malgré tout, à la possible exception de « Next », dont le généreux Alex Harvey fit un fétiche, l'idéal traducteur en raideur anglo-saxonne (de tenue) et souplesse anglo-saxonne (de langue) du sinueux génie brélien.

Sa manière même de hanter ces chansons sans les habiter vraiment est édifiante. Elle prouve *a contrario* que seul Brel pouvait les habiter complètement. Respectueux mais amoureux surtout de ces chansons-là, Scott Walker (qui chanta aussi « La Quête » et l'espoir fou d'atteindre « *the unreachable star* ») ne tente pas l'impossible. L'amour qu'il met dans son interprétation nous fait mieux supporter les défauts de Brel, sa grandiloquence, par exemple.

Quant à la réserve walkérienne, au point que la voix paraisse parfois vouloir s'effacer devant l'orchestration (souvent magistrale), elle désigne en creux le trait le plus singulier du Brel auteur-chanteur : cette façon unique, forte à la fois de patience et de passion, de faire sonner le mot français comme aucun autre – on dit exprès « mot » plutôt que langue, pour justement lui éviter l'anoblissement littéraire dont il n'a pas besoin.

Détail frappant : c'est le « r », consonne élidée ou mâchée par l'anglais, qui repère et stigmatise le mieux la phrase brélienne, « r » fui par Gainsbourg, « r » que Brel prend un malin plaisir à souvent rouler comme une *rota* espagnole, « r » surprononcé, comme porté en étendard phonétique.

Brel aimait les mots, plus encore sans doute que les personnages et les sentiments que ces mots portaient. Il les aimait comme des choses menacées de disparaître. Il les aimait tant qu'il brûlait une énergie folle à les faire sonner, puis à les incarner. Il les aimait tant qu'il en inventait d'autres – « décroisser (la lune) », « se racrapoter ». Il aimait les verbes, au point d'avoir adopté pour manie d'écriture la transmutation d'un adjectif ou d'un substantif en verbe (« je me suis déjumenté », « tu frères encore », « il fleuve des ivresses »...). Il aimait le verbe comme il aimait l'action. Il actionnait le verbe, c'était sa vie, et c'est dans les chansons qu'il le faisait le mieux.

On aura beau dire qu'un Brel en cache deux, qu'il y a *aussi*, qu'il y a *en plus* de l'auteur-chanteur le Brel cinéaste ou le Brel pilote, le Brel navigateur ou le Brel écrivain (rentré). Il y a par-dessus tout le Brel incarnant les mots de ses chansons, étant lui-même ces mots, jusqu'à l'exagération (Brel exagère toujours), jusqu'à l'épuisement. Cette présence de Brel, cette intensité fait aussi que ses chansons ne sont pas d'un commerce facile. Ce sont des amis encombrants, non des choses plaisamment décoratives. Elles donnent autant qu'elles demandent : beaucoup.

Voilà ce que nous disent les versions par Scott Walker de quelques-unes des meilleures chansons de Brel, avec leur voile pudique jeté par unc voix de crooner lyrique un peu contrainte, un peu distante, un peu désincarnée. Voilà pourquoi elles sont précieuses, alors qu'on pourrait facilement les négliger parmi l'œuvre de Scott Walker, hautement méconnue mais infiniment puissante et riche par ailleurs.

À sa sortie, *Scott Walker Sings Jacques Brel* eut quelque retentissement, dans un pays pas vraiment converti au charme exubérant du grand Bruxellois. Brel alors était bien vivant, mais il est possible qu'il n'ait jamais entendu cet album prosélyte. En fait, le ténébreux Scott chantait Brel comme s'il exhumait un auteur maudit, sombré dans la mort ou dans l'oubli, comme on tirait du néant à la même époque (ou un peu plus tard) des vieux bluesmen des années vingt.

Là encore, il pointe le doigt sur un trait majeur, déjà évoqué à demi-mot tout au long de ce petit livre : l'anachronisme de Brel, avec ses deux versants. Ce qui le rendait ridicule à ses débuts, sous ses vilaines sapes de troubadour provincial (province belge, ou flamande même), ses manières de drôle de paroissien, cela le rendra inestimable vingt ou trente ans plus tard. Entre-temps, il aura beaucoup appris, compris, travaillé. Brel aimait prendre des cours et des risques. L'enjeu – le savait-il ? – était cette résistance paradoxale au temps, son attrait le plus vif peut-être. Jacques Brel – mille témoignages, traces écrites, images d'archives fixes ou mouvantes, le prouvent – a vécu entre 1929 et 1978, a percé dans les années cinquante, triomphé dans les années soixante, perduré ensuite.

Rien pourtant ne semble attacher ses chansons à cette période-là, du moins à l'écume d'images et de sons qui nous en reste. Une photo en noir et blanc dans un monde passé à la couleur. En cela Brel est proche de Brassens, dont la musique a aussi, mais différemment, un très fort goût d'antique. Ces chansons nous parlent d'un temps plus reculé, celui des parents de Brel, de ses grands-parents même, 1900 pour arrondir, la Belle Époque, et de la persistance de cette époque dans les décennies qui ont suivi et où pourtant – nous l'a-t-on assez dit – le rythme des choses n'a cessé de s'accélérer.

Elles parlent de ce temps d'avant avec une lucidité grave et joyeuse qui est l'envers de la nostalgie. Elles en parlent avec ironie et désespoir : ironie d'un Brel qui en retrouve les traces autour de lui, désespoir de les retrouver aussi en lui – c'est ainsi que le chanteur ne s'épargne jamais dans ses diatribes les plus vaches, même quand le trait est indirect : pourquoi, sinon, Flamands et bigotes en prendraient autant pour leur grade ?

Et les femmes ? Brel, le petit Jacky, n'était-il pas surtout l'enfant des femmes de la famille ? Si l'on voulait vraiment analyser ce côté de Brel, cette légendaire misogynie, cette peur des femmes (pour ceux ou celles qui le comprenaient le mieux), il faudrait remonter à son enfance, plutôt que s'évertuer à rapporter les paroles de ses chansons au contexte contemporain. On verrait peut-être alors se dessiner chez Brel un genre de féministe... 1900. N'en veut-il pas surtout, à sa façon vieillotte, aux séductions factices de la femme-objet ? Sa terreur, ses erreurs, qui sait, sont venues d'être confronté (c'était sans doute aussi séduisant que brutal) à des femmes dont le modèle ne lui était pas familier, dont la modernité le plongeait dans la confusion.

Les chansons de Brel nous parlent aujourd'hui d'un siècle auparavant. Elles sont comme très anciennes et comme toutes neuves dans le relief aveuglant qu'elles donnent à la sonorité des mots, là où l'évolution de la musique enregistrée, pour le meilleur et pour le pire, a eu tendance à les noyer de plus en plus dans la jouissance instrumentale amplifiée par l'électronique.

Brel, semble-t-il, entretenait avec son temps des rapports difficiles. Il ne comprenait rien aux modes et donc s'en défiait. N'étant pas dans le coup, il ne voulait pas l'être. Il plaisait sans doute en premier à ceux qui, avant de faire un pas en avant, jettent un long regard en arrière. Cela faisait du monde. Il y a un double mouvement chez Brel : sauver les meubles avant qu'ils ne deviennent brocante, les choses de la famille, du pays, de l'enfance. En musique, ça donnait le piano du cinéma muet, la bourrée campagnarde ou Ravel quand François Rauber s'envolait. En paroles, c'était aussi bien le fond de mesquinerie bourgeoise que l'idéalisme chrétien.

Dans le même geste, il faisait subir à ce même mobilier les pires outrages. Et on voyait ce qui résistait. C'était lui qui résistait, lui pétri de tout cela. Tout détruire eût été se détruire. Brel était donc infiniment contradictoire. Il brisait les traditions, constamment appuyé sur elles, et sans en créer de nouvelles. Son truc ancien, populaire parce que ancien, parce que perçu comme ancien de façon nouvelle, est un prototype, un moule dont il a épuisé toutes les formes avant de le casser.

Voilà pourquoi Brel est sans suite, au contraire de Gainsbourg, par exemple. Dans la brèche ouverte par son style si personnel, il a pris toute la place. En reprenant du Brel autrement qu'en exercice vocal, on se condamne à être soi-même Brel, un peu, beaucoup. On entendra bien toujours quelque jeune disciple ou suivant fraternel capter l'esprit de sa musique, un Arno recréant « Le Bon Dieu » (en aussi bien, peut-être mieux) – un Belge, comme par hasard...

Tendant l'oreille, on entend des échos, ou plutôt des fantômes, pour peu que l'accordéon de Jean

Corti s'en mêle, comme chez les Têtes Raides. Sinon quoi ? Des jeunes sonnant joliment vieux (Thomas Fersen, Louise Attaque ?), des nouveaux chevaliers sombres de l'alexandrin (certains rappeurs ? Houellebecq ?)... Il y a deux ou trois ans, une compilation habilement titrée *Au(x) suivant(s)* dessinait parfaitement les contours de l'impasse. La génération 2000 se frottait à Brel. On faisait reluire (sans le savoir assez ?) le vieux truc 1900. Peu de candidats, qu'ils soient candides ou rapiats, en sortaient grandis. Brel encore moins.

Comment vit-il alors ? Dans le souvenir de ceux qui l'ont connu, adoré, haï, chéri, honni, aimé, accepté pour ce qu'il était – avec ses limites et son fier idéal si souvent porté en sautoir –, un homme. Et puis, pour ce qui fatalement nous touche de plus près, par ses chansons les plus inusables – pas toujours les plus usitées –, par ce qu'elles nous disent d'instable et de permanent, de difforme et de gracieux, de beau et de con à la fois.

Annexes

Discographie

Depuis sa publication en 1988, l'*Intégrale Jacques Brel*, soit 10 CD comprenant en tout 172 titres (et accompagnée d'un livret biographique de Marc Robine), est la référence ultime et tient lieu à elle seule de discographie. Bien qu'elle se joue parfois de la chronologie et ne recoupe pas exactement les albums de Brel (ni toujours l'ordre des titres à l'intérieur de ces albums, *Les Marquises* étant une exception), c'est elle qu'il convient ici de passer en revue. Chacun des CD qui la composent est aussi vendu séparément.

Trois autres CD signés Jacques Brel sont disponibles, mais on les exclura pour raison d'intérêt limité. Il s'agit de *Brel Knokke* (Barclay 521237-2), un enregistrement public de 1963, onze titres (dont certains par ailleurs inédits en « live », tels « Bruxelles », « Rosa », « Les Fenêtres » et « Quand on n'a que l'amour »), suivis d'un entretien de 1971, « Brel parle ».

L'Homme de la Mancha (Barclay 839586-2) reprend la musique du spectacle éponyme monté en 1969 ; on en retient surtout l'air final de « La Quête » (« Rêver un impossible rêve... Pour atteindre l'inaccessible étoile »).

Enfin *Jacques Brel raconte* (Rym Musique/Polygram 191417-2) groupe les deux récits pour enfants enregistrés en 1969, *Pierre et le Loup* et *L'Histoire de Babar*.

L'INTÉGRALE (BARCLAY/POLYGRAM 816 719-2)

1 : *Grand Jacques* (816 720-2)

« La Haine », « Grand Jacques », « Il pleut », « Le Diable », « Il nous faut regarder », « C'est comme ça », « Il peut pleuvoir », « Le Fou du roi », « Sur la place », « S'il te faut », « La Bastille », « Prière païenne », « L'air de la bêtise », « Qu'avons-nous fait, bonnes gens », « Pardons », « Saint-Pierre », « Les Pieds dans le ruisseau », « Quand on n'a que l'amour », « J'en appelle », « La Bourrée du célibataire », « Heureux », « Les Blés », « Demain l'on se marie ».

Courant sur trois ans (1955-1958), ce premier volume détaille le Brel première manière, pas le plus facile à aimer. Dans cette grosse vingtaine de titres, certains très courts, on est frappé d'entendre deux Brel. L'un complètement daté, oublié quand il n'est pas simplement ignoré. Il ressemble alors à d'autres, à Trenet, à Mouloudji, quand il n'anticipe pas Nougaro-ci, Adamo-là. Il ressemble à son époque, et l'indulgence que produit la distance avec l'esprit de ce temps-là peut s'appliquer aux naïvetés, aux maladresses du jeune Brel.

Sa principale faiblesse, en plus d'un tâtonnement musical assez compréhensible, est sans doute de n'avoir pas assez vécu pour nourrir ses chansons de la pâte humaine qui lèvera plus tard. Pour l'heure, il brasse donc joyeusement, parfois sauvé par sa seule sincérité, des généralités sur l'amour et la haine, la liberté et la révolte, la bêtise et l'espoir, le tout nimbé de prières, frôlé par des ailes d'ange.

Mais le Brel de tout temps pointe déjà son nez, et même le médiocre « Qu'avons-nous fait, bonnes gens » peut annoncer la future « Madeleine ». Plus vertigineux encore, il y a dans « Sur la place » comme un avant-goût des « Marquises »... à plus de vingt ans d'écart.

2 : *La Valse à mille temps* (816 721-2)

« Au printemps », « Je ne sais pas », « Dors ma mie, bonsoir », « Dites, si c'était vrai », « Le Colonel », « L'Homme dans la cité », « La lumière jaillira », « Voici », « Litanies pour un retour », « Seul », « La Dame patronnesse », « La Mort », « La Valse à mille temps », « Je t'aime », « Ne me quitte pas », « Isabelle », « La Tendresse », « La Colombe ».

Malgré la présence de « tubes » bréliens avérés, mérités – « Ne me quitte pas », « La Valse à mille temps » –, ce deuxième volume est sans doute le plus faible du lot. L'excuse de la fraîcheur naïve ne peut plus sauver Brel à tout coup. C'est ici qu'on trouve ce que l'ancien président de la Franche Cordée a enregistré de plus proche des chants d'église, parenté soulignée plus d'une fois par un fâcheux harmonium. « La lumière jaillira », « L'Homme dans la cité », « Voici », sans parler du catéchisme abrégé de « Dites, si c'était vrai », sont tout juste supportables. Ailleurs, se fait jour un désir de mêler le profane au sacré : « Au printemps, les amants vont prier Notre-Dame du bon temps »... À peine le sarcasme léger de « La Dame patronnesse » éponge-t-il un peu de cette eau bénite.

Deux curiosités : « Seul », saisissant brouillon d'« Au suivant » ; « Isabelle », ode à sa fille qui lorgne sur Frank Sinatra. Et puis les deux tubes précités, dans leurs premiers arrangements. On pourra préférer la verve de « La Valse » aux larmes, etc., de « Ne me quitte pas », sans doute la chanson de Brel la plus reprise au monde ; question d'humeur, ou de tempérament.

3 : *Les Flamandes* (816 722-2)

« Les Flamandes », « L'Ivrogne », « Marieke », « Le Moribond », « Le Prochain Amour », « Vivre debout », « Les Prénoms de Paris », « Clara », « On n'oublie rien », « Les Singes », « Voir », « L'Aventure », « Les Moutons », « Les Amants de cœur », « Il neige sur Liège », « Pourquoi faut-il que les hommes s'ennuient ? », « Les Cœurs tendres », « L'Enfance », « La Chanson de Van Horst », « Il y a », « La Foire ».

Un assemblage un peu curieux, puisqu'on y trouve, à côté des derniers titres enregistrés pour Philips, divers inédits en album : premiers balbutiements Trenet-musette (« La

Foire », « Il y a »), ode de circonstance à la Belgique (« Il neige sur Liège »), politesse rendue (« Les Amants de cœur » est la version française de « The Lovers », un morceau de Rod McKuen, qui remplit un album entier d'adaptations de Brel en anglais), chansons composées pour des films. Dans cette dernière catégorie, seul est vraiment notable « Pourquoi faut-il que les hommes s'ennuient ? », dont la lenteur interrogative anticipe « Jaurès » de quinze ans.

De la première moitié, on retient surtout le martèlement folklo des « Flamandes », la tarentelle comico-funèbre du « Moribond », la samba frénétique de « Clara » et l'amère lucidité du « Prochain amour ». On y entend : « Je sais déjà cette affreuse prière / Qu'il faut pleurer quand l'autre est le vainqueur. » Ou comment les marques du temps et des amours creusent les traits des chansons.

4 : *Le Plat Pays* (816 723-2)

« Le Plat Pays », « Zangra », « Le Caporal Casse-Pompon », « La Statue », « Rosa », « Les Bourgeois », « Madeleine », « Les Paumés du petit matin », « Bruxelles », « Chanson sans paroles », « Une île », « Les Bigotes », « Les Vieux », « Les Fenêtres », « Les Toros », « La Parlote », « Les Filles et les Chiens », « La Fanette », « J'aimais », « Les Bergers », « Les Bonbons ».

Déjà au sommet de son art, le Brel paysagiste (« Le Plat Pays », une scie qui vieillit bien), le narrateur concis et lyrique (« La Fanette », dont l'orchestration par Rauber est à elle seule une merveille). Mais on note ici surtout l'avènement du Brel caricaturiste, voire pamphlétaire, croqueur tendre (« Les Vieux ») ou amer (« Les Paumés du petit matin ») de tranches de vie. Mime vocal, il n'hésite plus à « faire des voix » (deux fois l'accent belge est moqué, notamment avec « Les Bonbons »).

Dans leurs archaïsmes assumés, « Bruxelles », « Les Bigotes » ou « Les Bourgeois » disent clairement et crûment combien Jacques Brel n'a jamais tout à fait été de son temps. C'est pourtant là l'époque, 1962-1963, où l'osmose entre un chanteur-auteur en pleine bourre et un public

réceptif à toutes ses humeurs est peut-être la plus flagrante.
Isolé dans ce lot, « Une île » est un singulier signe avant-coureur de l'exil aux Marquises... quatorze années plus tard. Y songeait-il déjà ?

5 : *Jef* (816 724-2)
« Jef », « Tango Funèbre », « Les Désespérés », « L'Âge idiot », « Mathilde », « Au suivant », « Titine », « Quand maman reviendra », « Le Dernier Repas », « Grand-mère », « Fernand », « La Chanson de Jacky », « Ces gens-là », « La... La... La... », « Le Cheval », « Mon enfance », « Les Bonbons 67 ».
Deux morceaux sidérants, qui résistent à mille écoutes. « Jacky », martial et mélancolique à la fois, cascade de couplets d'une diabolique précision d'écriture, découpée par la diction survoltée du chanteur. Et « Ces gens-là », où Brel noue autour de deux maigres notes une telle épaisseur de pâte humaine, avec une telle conviction que les images sautent encore vivantes à la figure de l'auditeur. Un troisième, glaçant plus encore que grinçant : « Au suivant ». Un quatrième encore, « Mathilde », au souffle infernal démentant la complainte.
Cette giclée-là, juste avant les adieux à la scène, ruisselle d'énergie et d'assurance. Brel domine son sujet comme jamais, on peut même penser (il l'a dit) que cette maîtrise l'ennuyait, qu'il n'avait plus l'idée que de la briser. Il peut ici tout se permettre : faire « Le Cheval » en citant au passage une autre de ses chansons (« Ne me quitte pas »), tordre le cou aux émotions faciles (« Mon enfance », « Fernand »), ou pasticher vainement ses propres grimaces de singe (« Les Bonbons 67 »).

6 : *J'arrive* (816 725-2)
« La Chanson des vieux amants », « À jeun », « Fils de... », « Mon père disait », « Le Gaz », « L'Ostendaise », « Je suis un soir d'été », « Un enfant », « Comment tuer l'amant de sa femme... », « Vesoul », « J'arrive », « La Bière », « L'Éclusier », « Regarde bien petit », « La Quête », « Mijn

vlakke land », « De burgerij », « Rosa », « De nuttelozen van de nacht ».

Gros de neuf morceaux seulement (mais pas un déchet), l'album de 1968 – juste un profil en gros plan sur la pochette, cheveu long sur le col roulé, dans les tons caramel – ne pouvait occuper seul la place. On l'a donc pris en sandwich.

Dans la première tranche, « À jeun » se la joue Boris Vian, « Mon père disait » bégaie « Le Plat Pays », « Fils de... » fait fin de comédie musicale. La deuxième est en flamand (Brel appliqué, anecdotique), sauf « La Quête », rescapée de *L'Homme de la Mancha*.

Au milieu, Brel chante pour la première fois des chansons jamais chantées sur scène. Sans franche rupture, c'est un glissement qui vaut des trésors. Valse lente avec « L'Ostendaise », pré-« Le Bon Dieu », tourbillon délirant du côté de « Vesoul » (et Marcel Azzola qui « chauffe »...), presqu'immobilité de « L'Éclusier » ; tonitruement, « J'arrive », scrutation fiévreuse, « Regarde bien petit »...

Dans ce panorama désencombré, sur cette grève à tous vents, les mots de Brel n'en sonnent que plus rugueux, rocaille, autant de pierres dans le jardin d'un possible apaisement. Témoin numéro un, à double tranchant : « Je suis un soir d'été », où s'étirent ces « soââr » comme pour mieux agacer, où il pleut aussi des images incroyablement concrétisées, dans des vers formels mais fêlés, inouïs, « la chaleur se vertèbre / il fleuve des ivresses »... Chef-d'œuvre.

7 : *Les Marquises* (816 726-2)

« Jaurès », « La ville s'endormait », « Vieillir », « Le Bon Dieu », « Les F... », « Orly », « Les Remparts de Varsovie », « Voir un ami pleurer », « Knokke-le-Zoute Tango », « Jojo », « Le Lion », « Les Marquises ».

On l'a tourné dans tous les sens, celui-là. Attendu (trop ?), célébré (trop ?), logiquement mégoté... Imparfait, évidemment. Marqué d'ailleurs du sceau d'un canular : la comédie musicale *Vilebrequin*, dont est censément tiré un tiers des chansons, n'a jamais existé que dans l'imagination farceuse de Brel.

On aurait tort d'ignorer les scories : elles ont une bizarrerie qui empêche de les jeter dans l'enfer de Brel, où croupissent les niaiseries du début. « Les F... » n'a pas de mélodie, rien qu'un fond sonore ; c'est juste une gueulante idiote, autorisée par l'homme usé au vieillard indigne qu'il ne sera jamais. « Le Lion » est presque beau tellement il est con. C'est ça aussi, Brel. Se sentant finir, jouer à être vieux. Jusqu'au bout, l'antidote à la canonisation. Et puis, bon, « Varsovie » n'est pas grandiose non plus, s'il faisait le bonheur des radios – pour son côté « Brel d'avant », peut-être ?

Maintenant la trilogie de la beauté : « La ville s'endormait », (« sur le fleuve en amont un coin de ciel brûlait »), cordes sublimes à la Rauber... « Orly », ce film au ralenti (qu'on ne supporterait pas en film, surtout pas au ralenti, et tout l'art mineur du chanteur est là)... « Les Marquises », miracle en équilibre sur des points de suspension.

Enfin la trilogie cachée du bord des larmes, rectitude et dignité gardées – Brel jamais ne se courbe. « Jojo », accolade charnelle, non recueillement de pierre tombale ; « Voir un ami pleurer », peut-être sa chanson la plus nue, sans la moindre épaisseur de masque ; et puis « Jaurès », l'ouverture, qui livre une clé de l'univers de Brel d'une seule interrogation d'apparence anodine : « Quelle vie ont eue nos grands-parents ? » Nos petits-enfants sauront peut-être.

8 : *Brel en public, Olympia 61* (816 727-2)

« Les Prénoms de Paris », « Les Bourgeois », « Les Paumés du petit matin », « Les Flamandes », « La Statue », « Zangra », « Marieke », « Les Biches », « Madeleine », « Les Singes », « L'Ivrogne », « La Valse à mille temps », « Ne me quitte pas », « Le Moribond », « Quand on n'a que l'amour ».

Longtemps, les disques de Brel n'ont été que prolongement de ses concerts. En l'écoutant chanter en public,

on est partagé entre deux sentiments. Le premier, assez grisant, est celui d'entrer dans l'atelier de ce peintre verbal et vocal qui atteint déjà ici (mais ce sera plus vrai encore en 1964, voir ci-dessous) une certaine maîtrise. Le second est plus décevant, il vient de la fatale ressemblance entre ces versions et celle qu'il grava ensuite en studio (exception confirmant la règle : « Les Biches »). C'est le revers de la médaille.
À ces concerts-là, monsieur, il y avait un orchestre, et les spectateurs, sagement assis, applaudissaient beaucoup mais attendaient pour ce faire que le chanteur ait fini. On doit donc résister à l'envie de secouer l'objet pour en faire tomber des étincelles, et guetter les clins d'œil de Brel, telle cette citation de la version Poiret de « La Valse à mille temps » : « au deuxième temps de la vacheuh... »

9 : *Brel en public, Olympia 64* (816 728-2)
« Amsterdam », « Les Timides », « Le Dernier Repas », « Les Jardins du Casino », « Les Vieux », « Les Toros », « Tango funèbre », « Le Plat Pays », « Les Bonbons », « Mathilde », « Les Bigotes », « Les Bourgeois », « Jef », « Au suivant », « Madeleine ».
L'ovation qui suit « Amsterdam » impressionne presque autant que la chanson elle-même, ce qui n'est pas peu dire. Comment peut-il chanter « Les Timides » après ça, comme si de rien n'était ? Mais tout ici s'enchaîne à merveille, confine déjà au professionnalisme que Brel aura bientôt l'envie de remettre en question. Pour l'heure, la scène est son royaume et les bravos saccadés ponctuent, comme par automatisme, chacune des (courtes) performances du chanteur.
L'énigme de ces disques-là, finalement, c'est le public. Qui se cache dans cette docile machine à applaudir ? Doit-on imputer aux seuls usages de l'époque l'absence de toute autre communication entre l'artiste et l'auditoire ? Étaient-ils donc si adultes, ces gens qui venaient écouter et voir celui qui refusait si fort de l'être ? À quoi pensent-ils les bourgeois de ce public quand ils tapent

des mains sur « Les bourgeois, c'est comme les cochons... » ?
L'autre inconvénient des disques en public de Brel, c'est qu'il y manque l'image. On se raccroche alors à celles vues à la télé, cette silhouette en costard, qui se tord, se noue, se délie, on voit les chansons sortir physiquement d'elle, on voit ces bras trop longs, ces mains battoirs, ce visage inondé de sueur, toutes ses ingratitudes rendues belles par l'effort, sportif autant que poète, chanteur total.

10 : *Ne me quitte pas* (816 729-2)
« Ne me quitte pas », « Marieke », « On n'oublie rien », « Les Flamandes », « Les Prénoms de Paris », « Quand on n'a que l'amour », « Les Biches », « Le Prochain Amour », « Le Moribond », « La Valse à mille temps », « Je ne sais pas ».
Voilà donc le résultat du pouvoir de persuasion d'Eddie Barclay. Pour cette maison difficilement remise à flot, Brel signe en 1971 un contrat longue durée et livre dans la foulée, histoire de marquer le coup, une collection de vieux titres dépoussiérés. En avaient-ils besoin ? Qu'apportent aux « Flamandes » ce foisonnement de cymbales, au « Moribond » cette guitare électrique ? « La Valse à mille temps » prend des allures de rouleau compresseur et « Quand on n'a que l'amour » devient un genre d'hymne pour l'Eurovision.
Rien de franchement honteux, là-dedans, presque rien à signaler, sinon le côté fonctionnel de la chose : la clarté de la prise de son, la profondeur donnée par la stéréo en faisaient un acceptable « Brel portatif » pour l'honnête homme. Sur cassette, en voiture, ça passait plutôt bien. Mon père l'avait dans sa DS et l'écoutait souvent, d'où sans doute l'attachement indulgent que je ressens aujourd'hui pour un disque inutile. Cette confidence faite, je peux maintenant dédier ce livre à mon père, né quatre mois avant Jacques Brel, mort quinze ans après lui, trop tôt, avant d'être vieux.

Les Risques du métier, d'André Cayatte (1967)
1 h 45. Scénario : André Cayatte et Armand Jammot. Image : Christian Matras. Musique : Jacques Brel et François Rauber.
Avec : Jacques Brel, Emmanuelle Riva, Jacques Harden, Christine Fabrega, Delphine Desyeux.

La Bande à Bonnot (ou *Les Anarchistes*), de Philippe Fourastié (1968)
1 h 50. Scénario : Remo Forlani, Philippe Fourastié, Pierre Fabre, Jean-Pierre Beaurenaut. Image : Alain Levent. Musique : Jacques Brel et François Rauber.
Avec : Jacques Brel, Annie Girardot, Bruno Cremer, Jean-Pierre Kalfon.

Mon oncle Benjamin, d'Édouard Molinaro (1969)
1 h 30. Scénario : André Couteaux et François Hauduroy, d'après le roman de Claude Tillier. Image : Alain Levent. Musique : Jacques Brel.
Avec : Jacques Brel, Claude Jade, Bernard Blier, Armand Mestral, Rosy Varte.

Mont-Dragon, de Jean Valère (1970)
1 h 35. Scénario : Jean Valère, Jacques Ralf, Pierre Pélegri, Philippe Dumarçay, d'après le roman de Robert Margerit. Image : Alain Levent. Musique : Jack Arel (?)
Avec : Jacques Brel, Françoise Prévost, Carole André, Paul Le Person, Catherine Rouvel.

Les Assassins de l'ordre, de Marcel Carné (1971)
1 h 50. Scénario : Marcel Carné, d'après le roman de Jean Laborde. Image : Jean Badal. Musique : Pierre Henry et Michel Colombier.
Avec : Jacques Brel, Paola Pittagora, Catherine Rouvel, Charles Denner, Michael Lonsdale.

Franz, de Jacques Brel (1972)
1 h 30. Scénario : Jacques Brel et Paul Andréota. Image : Alain Levent. Musique : Jacques Brel et François Rauber. Avec : Jacques Brel, Barbara, Danièle Evenou, Simone Max, Fernand Fabre.

L'Aventure, c'est l'aventure, de Claude Lelouch (1972)
2 heures Scénario : Claude Lelouch et Pierre Uytterhoeven. Image : Jean Collomb. Musique : Francis Lai.
Avec : Jacques Brel, Lino Ventura, Charles Denner, Aldo Maccione, Charles Gérard.

Le Bar de la Fourche, d'Alain Levent (1972)
1 h 25. Scénario : Alain Levent, François Boyer, Philippe Dumarçay, d'après le roman de Gilbert des Voisins. Image : Alain Levent. Musique : Jacques Brel.

Le Far West, de Jacques Brel (1973)
1 h 25. Scénario : Jacques Brel. Image : Alain Levent. Musique : Jacques Brel et François Rauber.
Avec : Jacques Brel, Gabriel Jabbour, Danièle Evenou, Arlette Lindon, Simone Max, France Arnelle.

L'Emmerdeur, d'Édouard Molinaro (1973)
1 h 20. Scénario : Francis Veber d'après sa pièce, *Le Contrat*. Image : Raoul Coutard. Musique : Jacques Brel et François Rauber.
Avec : Jacques Brel, Lino Ventura, Caroline Cellier, Jean-Pierre Darras.

Jacques Brel apparaît également dans deux courts-métrages : *La Grande Peur de Monsieur Clément* (1956) de Paul Deliens et *Petit-jour* (1962) de Jacques Pierre (avec aussi Roger Hanin, Jean-Luc Godard et Anna Karina). Et dans le long-métrage *Jacques Brel is alive and well and living in Paris* (1976) de Denis Héroux, d'après la comédie musicale de Mort Shuman.

BIBLIOGRAPHIE sélective

Marc Robine : *Grand Jacques, le roman de Jacques Brel* (Anne Carrière/Chorus, 1998 ; Le livre de poche, 2001)

Olivier Todd : *Jacques Brel, une vie* (Robert Laffont, 1984 ; Folio, 2001)

Jean Clouzet : *Jacques Brel* (Seghers, collection Poètes d'aujourd'hui, 1964 ; édition revue et augmentée en 1988, *De Bruxelles à Amsterdam*)

Jacques Vassal : *De l'Olympia aux Marquises* (tome 2 du précédent, Seghers, 1988)

Joëlle Monserrat : *Jacques Brel* (Le Goulven/PAC, 1982)

Pierre Brel : *Jacques Brel, mon grand petit frère* (Collection Livres, 1998)

France Brel et André Sallée : *Brel* (Solar, 1988)

Maddly Bamy : *Tu leur diras* (Grésivaudan, 1982)

Martin Monestier : *Jacques Brel, le livre du souvenir* (Tchou, 1979)

Pierre Barlatier : *Jacques Brel* (Solar, 1978)

Guy Floriant et Olivier Delavaut : *Jacques Brel, l'inaccessible étoile* (Le Rocher, 1998, épuisé)

Philippe Dampenon : *Jacques Brel* (Gérard Cottreau, 1978)

Pierre Berruer : *Jacques va bien, il dort aux Marquises* (Presses de la Cité, 1983)

Julos Beaucarne : *Brel* (Acropole, 1990)

Jacques Brel : *Œuvre intégrale* (Robert Laffont, 1982) réédité sous le titre *Tout Brel*, textes et chansons (10/18, 1992)

SITES INTERNET

Parmi les quelques dizaines de sites consacrés à Jacques Brel, peu sont vraiment dignes d'intérêt. En voici une sélection :

Site officiel de la Fondation Jacques Brel :
jacquesbrel.org (de loin le plus complet)

Brelsite : **geocities.com**

Mon grand petit frère (Pierre Brel) : **europictures.com/brel/**

Textes des chansons : **paroles.net**

Biographie : **rfimusique.com**

Citations : **citationsdumonde.com**

Dialogue avec Jacques Brel : **dialogus2.org** (un site à ne pas prendre au pied de la lettre, puisqu'il permet de poser des questions à un Brel virtuel répondant d'on ne sait où...)

Table

CATALOGUE LIBRIO

CLASSIQUES

Alphonse Allais
À l'œil - n° 50
Boyer d'Argens
Thérèse philosophe - n° 422
Honoré de Balzac
Le Colonel Chabert - n° 28
Ferragus, chef des Dévorants - n° 226
La Vendetta - n° 302
Jules Barbey d'Aurevilly
Le Bonheur dans le crime - n° 196
Charles Baudelaire
Les Fleurs du Mal - n° 48
Le Spleen de Paris - n° 179
Les Paradis artificiels - n° 212
P. de Beaumarchais
Le Barbier de Séville - n° 139
Le Mariage de Figaro - n° 464
Bernardin de Saint-Pierre
Paul et Virginie - n° 65
Lewis Carroll
Les Aventures d'Alice au pays des merveilles - n° 389
Giacomo Casanova
Plaisirs de bouche - n° 220
John Cleland
Fanny Hill, la fille de joie - n° 423
Benjamin Constant
Adolphe - n° 489
Pierre Corneille
Le Cid - n° 21
Corse noire
Anthologie présentée
par Roger Martin - n° 444
Alphonse Daudet
Lettres de mon moulin - n° 12
Sapho - n° 86
Tartarin de Tarascon - n° 164
Denon Vivant
Point de lendemain - n° 425
Descartes
Le Discours de la méthode - n° 299
Charles Dickens
Un Chant de Noël - n° 146
Denis Diderot
Le Neveu de Rameau - n° 61
La Religieuse - n° 311
Fiodor Dostoïevski
L'Éternel Mari - n° 112
Le Joueur - n° 155
Alexandre Dumas
La Femme au collier de velours - n° 58
L'École [de Chateaubriand à Proust]
Anthologie présentée
par Jérôme Leroy - n° 380
Éloge de l'ivresse [d'Anacréon à Guy Debord]
Anthologie présentée par Sébastien Lapaque et Jérôme Leroy - n° 395
Épicure
Lettres et maximes - n° 363
Gustave Flaubert
Trois contes - n° 45
Anatole France
Le Livre de mon ami - n° 123
Théophile Gautier
Le Roman de la momie - n° 81
La Morte amoureuse - n° 263
La Genèse - n° 90
Khalil Gibran
Le Prophète - n° 185
Goethe
Faust - n° 82
Nicolas Gogol
Le Journal d'un fou - n° 120
La Nuit de Noël - n° 252
Grimm
Blanche-Neige - n° 248
Homère
L'Odyssée *(extraits)* - n° 300
Victor Hugo
Le Dernier Jour d'un condamné - n° 70
La Légende des siècles *(morceaux choisis)* - n° 341
Lucrèce Borgia - n° 517
Henry James
Une Vie à Londres - n° 159
Le Tour d'écrou - n° 200
Alfred Jarry
Ubu roi - n° 377
Franz Kafka
La Métamorphose - n° 3
Eugène Labiche
Le Voyage de Monsieur Perrichon - n° 270
Madame de La Fayette
La Princesse de Clèves - n° 57
Jean de La Fontaine
Le Lièvre et la tortue - n° 131

Les Lolitas
Anthologie présentée
par Humbert K. - n° 431
Jack London
Croc-Blanc - n° 347
Longus
Daphnis et Chloé - n° 49
Pierre Louÿs
Manuel de civilité - n° 255
(*pour lecteurs avertis*)
Nicolas Machiavel
Le Prince - n° 163
Malheur aux riches !
Anthologie présentée par Sébastien
Lapaque - n° 504
Stéphane Mallarmé
Poésie - n° 135
Marie de France
Le Lai du Rossignol et autres lais courtois
- n° 508
Marivaux
La Dispute - n° 477
Karl Marx et Friedrich Engels
Manifeste du parti communiste - n° 210
Guy de Maupassant
Le Horla - n° 1
Boule de Suif - n° 27
Une Partie de campagne - n° 29
La Maison Tellier - n° 44
Une Vie - n° 109
Pierre et Jean - n° 151
La Petite Roque - n° 217
Le Docteur Héraclius Gloss - n° 282
Miss Harriet - n° 318
Prosper Mérimée
Carmen - n° 13
Mateo Falcone - n° 98
Colomba - n° 167
La Vénus d'Ille - n° 236
La Double Méprise - n° 316
Mignonne, allons voir si la rose...
[La poésie du XVIe siècle]
Anthologie présentée
par Henry Bauchau - n° 458
Les Mille et Une Nuits
Histoire de Sindbad le Marin - n° 147
Aladdin ou la Lampe merveilleuse - n° 191
Ali Baba et les Quarante Voleurs - n° 298
Mirabeau
L'Éducation de Laure ou le Rideau levé -
n° 256 *(pour lecteurs avertis)*
Molière
Dom Juan ou le Festin de pierre - n° 14
Les Fourberies de Scapin - n° 181
Le Bourgeois Gentilhomme - n° 235
L'École des femmes - n° 277
L'Avare - n° 339
Le Tartuffe - n° 476
Le Malade imaginaire - n° 536
Montaigne
Anthologie présentée par Gaël Gauvin - n° 523
Thomas More
L'Utopie - n° 317
Alfred de Musset
Les Caprices de Marianne - n° 39
Andréa de Nerciat
Le Doctorat impromptu - n°424
Gérard de Nerval
Aurélia - n° 23
Sylvie - n°436
Ovide
L'Art d'aimer - n° 11
Charles Perrault
Contes de ma mère l'Oye - n° 32
Platon
Le Banquet - n° 76
Edgar Allan Poe
Double assassinat dans la rue Morgue - n° 26
Le Scarabée d'or - n° 93
Le Chat noir - n° 213
La Chute de la maison Usher - n° 293
Ligeia - n° 490
La Poésie des romantiques
Anthologie présentée
par Bernard Vargaftig - n° 262
Alexandre Pouchkine
La Fille du capitaine - n° 24
La Dame de pique - n° 74
Abbé du Prat
Vénus dans le cloître - n° 421
Abbé Prévost
Manon Lescaut - n° 94
Marcel Proust
Sur la lecture - n° 375
Un amour de Swann - n° 430
Rabelais
Anthologie présentée par
Sébastien Lapaque - n° 483
Jean Racine
Phèdre - n° 301
Britannicus - n° 390
Andromaque - n° 469
Raymond Radiguet
Le Diable au corps - n° 8
Le Bal du comte d'Orgel - n° 156
Jules Renard
Poil de Carotte - n° 25
Arthur Rimbaud
Le Bateau ivre - n° 18
Les Illuminations *suivi de*
Une Saison en enfer - n° 385

Edmond Rostand
Cyrano de Bergerac - n° 116
Jean-Jacques Rousseau
De l'inégalité parmi les hommes - n° 340
Saint Jean
L'Apocalypse - n° 329
Saint Jean de la croix
Dans une nuit obscure - n° 448
(éd. bilingue français-espagnol)
George Sand
La Mare au diable - n° 78
La Petite Fadette - n° 205
Scènes gourmandes - n° 286
Comtesse de Ségur
Les Malheurs de Sophie - n° 410
Les Sept Péchés capitaux
Anthologies présentées
par Sébastien Lapaque
Orgueil - n° 414
Envie - n° 415
Avarice - n° 416
Paresse - n° 417
Colère - n° 418
Luxure - n° 419
Gourmandise - n° 420
Madame de Sévigné
« Ma chère bonne... » - n° 401
William Shakespeare
Roméo et Juliette - n° 9
Hamlet - n° 54
Othello - n° 108
Macbeth - n° 178
Le Roi Lear - n° 351
Richard III - n° 478
Si la philosophie m'était contée
[de Platon à Gilles Deleuze]
Anthologie présentée par Guillaume
Pigeard de Gurbert - n° 403
Sophocle
Œdipe roi - n° 30
Stendhal
Le Coffre et le revenant - n° 221
Robert Louis Stevenson
Olalla des Montagnes - n° 73
Le Cas étrange du Dr Jekyll et de
Mr Hyde - n° 113
Jonathan Swift
Le Voyage à Lilliput - n° 378
Anton Tchekhov
La Dame au petit chien - n° 142
La Salle numéro 6 - n° 189
La Cigale *et autres nouvelles* - n° 520
Le Temps des merveilles
[contes populaires des pays de France]
Anthologie présentée
par Jean Markale - n° 297
Léon Tolstoï
Hadji Mourad - n° 85
La Mort d'Ivan Ilitch - n° 287
Ivan Tourgueniev
Premier amour - n° 17
Les Eaux printanières - n° 371
Tristan et Iseut - n° 357
Mark Twain
Trois mille ans chez les microbes - n° 176
Vâtsyâyana
Les Kâma Sûtra - n° 152
Paul Verlaine
Poèmes saturniens - n° 62
Romances sans paroles - n° 187
Poèmes érotiques - n° 257
(*pour lecteurs avertis*)
Jules Verne
Le Château des Carpathes - n° 171
Les Indes noires - n° 227
Une ville flottante - n° 346
Voltaire
Candide - n° 31
Zadig ou la Destinée - n° 77
L'Ingénu - n° 180
La Princesse de Babylone - n° 356
Émile Zola
La Mort d'Olivier Bécaille - n° 42
Naïs - n° 127
L'Attaque du moulin - n° 182

LITTÉRATURE CONTEMPORAINE

Richard Bach
Jonathan Livingston le goéland - n° 2
Le Messie récalcitrant - n° 315
Vincent Banville
Ballade irlandaise - n° 447
Pierre Benoit
Le Soleil de minuit - n° 60
Nina Berberova
L'Accompagnatrice - n° 198
Georges Bernanos
Un crime - n° 194
Un mauvais rêve - n° 247
Patrick Besson
Lettre à un ami perdu - n° 218
André Beucler
Gueule d'Amour - n° 53
Dermot Bolger
Un Irlandais en Allemagne - n° 435
Vincent Borel
Vie et mort d'un crabe - n° 400
Alphonse Boudard
Une bonne affaire - n° 99
Francis Carco
Rien qu'une femme - n° 71
Muriel Cerf
Amérindiennes - n° 95
Jean-Pierre Chabrol
La Soupe de la mamée - n° 55
Georges-Olivier Châteaureynaud
Le Jardin dans l'île - n° 144
Andrée Chedid
Le Sixième Jour - n° 47
L'Enfant multiple - n° 107
L'Autre - n° 203
L'Artiste - n° 281
La Maison sans racines - n° 350
Bernard Clavel
Tiennot - n° 35
L'Homme du Labrador - n° 118
Contes et légendes du Bordelais - n° 224
Jean Cocteau
Orphée - n° 75
Colette
Le Blé en herbe - n° 7
Raphaël Confiant
Chimères d'En-Ville - n° 240
Pierre Dac
Dico franco-loufoque - n° 128
Pierre Dac et Louis Rognoni
Bons baisers de partout
L'Opération Tupeutla (1) - n° 275
L'Opération Tupeutla (2) - n° 292
L'Opération Tupeutla (3) - n° 326
Philippe Delerm
L'Envol - n° 280
Virginie Despentes
Mordre au travers - n° 308
(pour lecteurs avertis)
André Dhôtel
Le Pays où l'on n'arrive jamais - n° 276
Philippe Djian
Crocodiles - n° 10
Roddy Doyle
Rendez-vous au pub - n° 429
Richard Paul Evans
Le Coffret de Noël - n° 251
Cyrille Fleidchman
Retour au métro Saint-Paul - n°482
Albrecht Goes
Jusqu'à l'aube - n° 140
Sacha Guitry
Bloompott - n° 204
Frédérique Hébrard
Le Mois de septembre - n° 79
Éric Holder
On dirait une actrice - n°183
Michel Houellebecq
Rester vivant - n° 274
La Poursuite du bonheur - n° 354
Inventons la paix - n°338
Jean-Claude Izzo
Loin de tous rivages - n° 426
L'Aride des jours - n° 434
Félicien Marceau
Le Voyage de noce de Figaro - n° 83
François Mauriac
Un Adolescent d'autrefois - n° 122
Méditerranées
Anthologie présentée par Michel Le Bris et Jean-Claude Izzo - n° 219
Henry de Monfreid
Le Récif maudit - n° 173
La Sirène de Rio Pongo - n° 216
Alberto Moravia
Le Mépris - n° 87
Histoires d'amour - n° 471
Françoise Morvan
Lutins et lutines - n° 528
Sheila O'Flanagan
Histoire de Maggie - n° 441
Pensées de la cité
Par Zacharia Loumani, Héra, Aurélia Rossi- n° 484

Deirdre Purcell
Jésus et Billy s'en vont à Barcelone - n° 463

Vincent Ravalec
Du pain pour les pauvres - n° 111
Joséphine et les gitans - n° 242
Pour une nouvelle sorcellerie artistique - n°502

Orlando de Rudder
Bréviaire de la gueule de bois - n° 232

Gilles de Saint-Avit
Deux filles et leur mère - n° 254
(*pour lecteurs avertis*)

Patricia Scanlan
Mauvaises ondes - n° 457

Albert t' Serstevens
L'Or du Cristobal - n° 33
Taïa - n° 88

Yves Simon
Le Souffle du monde - n° 481

Sortons couverts !
10 histoires de préservatifs - n° 290

Denis Tillinac
Elvis - n° 186

Marc Trillard
Un exil - n° 241

Henri Troyat
La Neige en deuil - n° 6
Le Geste d'Ève - n° 36
La Pierre, la Feuille et les Ciseaux - n° 67
Viou - n° 284

Une journée d'été
Anthologie - n° 374

Vladimir Volkoff
Un homme juste - n° 124
Un cas de force mineure - n° 166

Xavière
La Punition - n° 253
(*pour lecteurs avertis*)

LIBRIO MUSIQUE

Bashung - n° 391
par Philippe Barbot

Les Beatles - n° 324
par François Ducray

Le Blues - n° 359
par Stéphane Koechlin

Bowie - n° 266
par Nicolas Ungemuth

Georges Brassens - n° 295
par Florence Tredez

Jacques Brel - n° 515
par François Gorin

Coltrane - n° 267
par Pascal Bussy

Miles Davis - n° 307
par Serge Loupien

Jacques Dutronc - n° 343
par Michel Leydier

Bob Dylan - n° 480
par Silvain Vanot

Léo Ferré - n° 446
par Stan Cuesta

Gainsbourg - n° 264
par François Ducray

Jimi Hendrix - n° 342
par Olivier Nuc

Billie Holiday - n° 358
par Luc Delannoy

John Lee Hooker - n° 516
par Stéphane Koechlin

Madonna - n° 405
par Florence Tredez

Bob Marley - n° 278
par Francis Dordor

Jim Morrison et les Doors - n° 456
par Jean-Yves Reuzeau

Les Musiques celtiques - n° 294
par Emmanuelle Debaussart

Les Musiques cubaines - n° 279
par François-Xavier Gomez

Charlie Parker - n° 455
par Hugues Le Tanneur

Édith Piaf - n° 384
par Stan Cuesta

Pink Floyd - n° 386
par François Ducray

Elvis Presley - n° 406
par Serge Loupien

Le Raï - n° 348
par Bouziane Daoudi

Lou Reed et le Velvet Underground - n° 466
par Bruno Juffin

Le Reggae - n° 366
par Bruno Blum

Bruce Springsteen - n° 433
par Hugues Barrière et Ollivier Mikaël

La Techno - n° 265
par Guillaume Bara

Charles Trenet - n° 306
par Pascal Bussy

Neil Young - n° 518
par Olivier Nuc

Librio

515

Composition PCA
Achevé d'imprimer en Europe
à Pössneck (Thuringe, Allemagne)
en avril 2002 pour le compte de E.J.L.
84, rue de Grenelle, 75007 Paris
Dépôt légal avril 2002
Diffusion France et étranger : Flammarion